Volker Mehnert · Frank Rumpf

Lesereise Südsee

Volker Mehnert
Frank Rumpf

Lesereise Südsee

Die Feuertänzer auf den Perleninseln

Picus Verlag Wien

Grafische Gestaltung: Dorothea Löcker, Wien
Umschlagabbildung: © Frank Rumpf
Druck und Verarbeitung: Remaprint, Wien
ISBN 978-3-85452-980-4

Informationen über das aktuelle Programm
des Picus Verlags und Veranstaltungen unter
www.picus.at

Inhalt

Unterwegs zum Mittelpunkt der Südsee

Blaue Lagunen, sanfte Lieder und zärtliche Rochen: Wie Bora Bora zum Sehnsuchtsort des Westens wurde

Es war ein magischer Moment: Inmitten der Weite Ozeaniens saßen wir auf einem winzigen Eiland, umspült vom seichten, lauwarmen Wasser der Lagune. Grellweiß leuchtete der Strand, und hellblau, grün oder türkis färbte sich das Wasser je nach Tiefe und Sonnenstand. Silbrige Meeräschen schwammen unbekümmert bis ans Ufer heran, und von Zeit zu Zeit sprang in einiger Entfernung ein fliegender Fisch über die schimmernde Oberfläche. In der anderen Richtung schauten wir hinaus auf das Dunkelblau des offenen Pazifiks, wo sich am Horizont mächtige Wolkengebirge auftürmten. Wir befanden uns auf einem der *motus* von Bora Bora, jenen kleinen Inseln, die rund um das Atoll auf der Kante des Riffgürtels aus der Lagune herausragen, manchmal sandig und kahl, manchmal dicht mit Kokospalmen bewachsen. Es war die Inkarnation einer Tropeninsel. Nur hier, so dachten wir, kann der Mittelpunkt der Südsee liegen.

Im Schatten der Palmen hatte die einheimische Familie ein traditionelles Mittagessen zubereitet. Zum Auftakt aßen wir *poisson cru*, rohen Fisch, der in Kokosmilch und Limonensaft mariniert war. Erst kurze Zeit zuvor hatte man ihn aus dem Meer geangelt, und die Kokosmilch wurde direkt aus dem Mark einer frisch gepflückten Nuss über den Filets ausgedrückt. Zu diesem Klassiker der polynesischen Küche bekamen wir Maniok und gebratene Bananen gereicht. Als Hauptgericht gab es Spanferkel aus dem traditionellen Erdofen, der Stunden zuvor in den weichen Sandboden gegraben worden war. Zum Nachtisch Mangos, Pampelmusen und süßes Bananenmus, serviert auf handgeflochtenen Tellern aus Palmblättern.

Als wir nach dem Essen im seichten Wasser der Lagune ein wenig Abkühlung suchten, lockten unsere Gastgeber mit einigen Fischabfällen einen Schwarm riesiger Rochen herbei. Zunächst flößten uns diese platten Fische allein durch ihre Größe Respekt ein, doch die dunklen Flecken im Wasser bewegten sich so geschmeidig um uns herum, dass unsere Furcht sich bald verflüchtigte. Schließlich kamen die Tiere immer näher und schmiegten sich beinahe wie verliebt an unsere Körper. Je länger wir dort standen, desto zutraulicher wurden sie und desto vertrauter wurden auch wir mit diesem ungewohnten Hautkontakt zwischen Fisch und Mensch.

Bora Bora gilt als »Supermodel« unter den Inseln Französisch-Polynesiens, ein Ort der Sehnsucht par excellence. Dabei war das Atoll im

Südpazifik, etwa zweihundertfünfzig Kilometer nordwestlich von Tahiti gelegen, den Europäern zunächst gar nicht aufgefallen. James Cook erreichte es erst während seiner dritten Pazifikreise und blieb nur kurz, denn das Einlaufen in die Lagune erwies sich als unmöglich: »Die Gezeiten und der Wind waren gegen uns«, schrieb er in sein Logbuch, »und nachdem ich zwei oder drei Anläufe unternommen, musste ich einsehen, dass es nicht zu bewerkstelligen war.« Deshalb setzte er mit dem Beiboot an Land über und bekam nur einen flüchtigen Eindruck von der Umgebung. »Die Insel, die von Weitem wie ein karger Felsen anmutet, schien sehr fruchtbar und zu einem guten Teil aus Flachland zu bestehen.«

Bis zur Mitte des 20. Jahrhunderts wurde Bora Bora von der Welt weiterhin kaum wahrgenommen. Erst nachdem sich während des Zweiten Weltkriegs der Autor James A. Michener hier aufgehalten und seinen Bestseller »Tales of the South Pacific« verfasst hatte, rückte die Insel ins Zentrum amerikanischer Südsee-Träume. Michener erhielt für sein Erstlingswerk den Pulitzerpreis, die Musicalfassung und eine Hollywood-Verfilmung machten Furore. Seine fiktive Insel Bali Hai hatte zwar nicht Bora Bora zum Vorbild, denn der Schriftsteller kam erst nach dem Abfassen seines Buches dorthin, doch irgendwann nannte er Bora Bora einmal die schönste Insel der Welt, und damit war ihr Schicksal als Synonym der Südsee-Sehnsucht besiegelt. In der Folge kamen erst die Reichen und die Schönen und dann die Touristen.

Sicher, die Floskeln vom »Südsee-Traum« und »Südsee-Paradies« sind inzwischen abgegriffen und schon lange Klischee. An diesem Nachmittag am Ufer der Lagune aber waren sie Wirklichkeit. Das Atoll von Bora Bora, auch wenn es schon tausend Mal gesagt und geschrieben wurde, ist tatsächlich hinreißend schön, geradezu unverschämt schön. Bora Bora war und ist ein Kleinod der Südsee, und besonders eindrucksvoll präsentiert sich die Insel mit dem markanten Doppelvulkan von den *motus* aus. Von dort hat man auch den besten Blick auf Otemanu, den höchsten Berg, der seinen gezackten Felsgipfel gern in dekorative weiße Wolkenknäuel hüllt.

Auf eines dieser *motus,* seit Menschengedenken im Besitz seiner Familie, hatte uns Patrick Tairua mit seinem motorisierten Auslegerkanu zum Mittagessen gefahren. Patrick ist ein Polynesier wie aus dem Bilderbuch, mit langen dunklen Haaren und Tätowierungen über fast den gesamten Körper. Die Muster auf der einen Körperhälfte repräsentieren den väterlichen, die auf der anderen den mütterlichen Stammbaum, und was sonst noch auf Armen, Beinen und Rücken eingeritzt ist, das ist tabu und geht die Fremden nichts an. Patrick lebt, wie fast alle Einheimischen auf Bora Bora, von den Touristen, doch als er während der Fahrt durch die Lagune sein kleines Saiteninstrument hervorholte und versonnen polynesische Lieder sang, war er vollkommen in seiner eigenen Welt der Clans und Traditionen versunken und schien seine Gäste gar nicht mehr wahrzunehmen.

Bodenständige Menschen wie Patrick und seine Familie hat Bora Bora derzeit besonders nötig. Denn sie verfügen über einen Grundbesitz, der internationalen Hotelkonzernen Millionen wert ist und auf dem sie nur allzu gern weitere Luxushotels bauen würden. Der Tairua-Clan aber war bislang nicht zu überreden, ihnen sein Stückchen Insel zu überlassen, und das ist gut so. Denn auch wenn hier von Massentourismus nicht die Rede sein kann und das Atoll mit seiner Lagune noch immer zu den schönsten und am wenigsten verbauten Küstenlandschaften der Erde gehört, haben sich die Hotelkonstruktionen doch schon so weit vorangetastet, dass sie an manchen Stellen das Bild der Insel gravierend verändern.

Bora Bora lebt ganz offensichtlich von seiner Küste, vom Wasser, von der Lagune, vom Riff und vom Meer; in den Bergen dagegen bestellen die Menschen höchstens hier und da eine Ananasplantage oder ein Bananenfeld. Dennoch hat die Insel einen sehenswerten Kern. Bei unserem Ausflug in die Hügel des Landesinneren war es angenehm kühl. Der Weg führte durch dichte, hohe Vegetation. Kokospalmen und Bananenstauden spendeten Schatten. Die Mühe des Aufstiegs wurde belohnt, denn irgendwann öffnete sich der Wald, und wir hatten einen freien Blick hinab auf die Küste und die tief eingeschnittenen Buchten, die als dunkelblaue Kerben zwischen dem mächtigen Grün der Landzungen erschienen.

In der Ferne erkannten wir sogar noch die Umrisse der Nachbarinseln Raiatea und Taha'a. Wir staunten über die ständig wechselnden Wolkenformationen, die sich rund um den Otemanu über uns zusammenbrauten und kurz darauf schon wieder auflösten. Was andernorts viel gepriesene Panoramablicke mit Aussichtstürmen und Souvenirverkauf wären, lag hier einsam und abseits von jeglicher touristischen Neugier. Den Gipfel des Otemanu selbst, so erzählte man uns später, habe sogar noch nie jemand bestiegen. Das klingt unwahrscheinlich, mag aber sein, denn die Fremden bleiben am Meer, und den Einheimischen gilt der Berg als Sitz der Götter. Das Innere von Bora Bora ist auf jeden Fall Entdeckerland, und unsere Wanderung erschien uns wie die kurze Sequenz aus einem friedvollen Traum, der hier auch im 21. Jahrhundert ungestört abläuft.

Den Abschied machte uns Bora Bora auf besondere Art und Weise schwer. Um zum Flugplatz auf der vorgelagerten Insel Mute zu gelangen, bestiegen wir ein Schiff. Von Bord aus hatten wir wieder einen fabelhaften Ausblick auf die Hauptinsel und ihren markanten Berg. Wir erlebten, wie sich dessen Umrisse langsam entfernten und wie sein Gipfel das Spiel mit Wolken und Nebel noch einmal auf die Spitze trieb. Als das Propellerflugzeug dann abhob und in einer weiten Schleife über die Lagune flog, genossen wir ein letztes Mal die Südseefarben Blau, Grün und Türkis unter uns, konnten durch das glasklare Wasser bis auf den Meeresgrund sehen und meinten sogar, einige Fische zu erkennen.

Der Insulaner dort unten auf seinem Auslegerkanu, so dachten wir in diesem Augenblick, der hat es gut. Wir hingegen versuchten, wie seinerzeit Henri Matisse, vom Südseetraum so viel wie möglich in unserem Gedächtnis zu speichern: »Ich habe«, so schrieb der Maler nach seinem Abschied, »das magische Universum Ozeaniens in mich aufgesogen wie ein Schwamm.«

Land in Sicht

Von Raiatea aus eroberten einst die polynesischen Entdecker mit ihren Auslegerkanus den Pazifik. Dabei half ihnen die Frau im Mond

Wir paddeln auf dem wahrscheinlich überflüssigsten Fluss der Welt. Er ist nur ein zarter Strich auf der Landkarte Ozeaniens, ein Rinnsal Süßwasser zwischen den kolossalen Salzwassermassen des Pazifiks. Zwar gilt der Fa'aroa auf der Insel Raiatea als einzig schiffbarer Fluss in ganz Französisch-Polynesien, doch auch sein verkehrstechnischer Nutzen ist gleich null. Wer braucht schon ein so winziges und trübes Gewässer mitten in den glasklaren Lagunen der Südsee-Atolle und den abertausend Seemeilen des größten Ozeans der Erde?

Acht oder neun Meter breit ist er an seiner Mündung, und wenige Kilometer flussaufwärts plätschert er nur noch als kleiner Bach durch die Landschaft. Seine Ufer sind mit tropischer Vegetation bewachsen, es scheint kein Durchkommen zu geben durch den dicht gewebten Vorhang aus Bambus und Kokospalmen, aus Hibiskus und Frangipani. Hin und wieder aber erkennen wir eine kleine Öffnung in der grünen Wand; schmale Pfade, kaum sichtbar, führen hinein ins Land, um dort auf einer Ananas-, Vanille- oder Kokosplantage zu enden. Aber nicht einmal zur Verschiffung der Früchte taugt der Fa'aroa, sie werden von Lastwagen über eine Straße abgeholt.

Es gab allerdings eine Zeit, da spielte dieses schmächtige Gewässer eine welthistorische Rolle. Im ersten Jahrtausend nach Christus war es Ausgangspunkt von wagemutigen Expeditionen, die sich mit den Entdeckungsfahrten der Portugiesen und Spanier nach Indien und Amerika und sogar mit den Weltumseglungen von Magellan und James Cook messen können, ihnen vielleicht sogar überlegen sind. Der Fa'aroa war eine Art Tejo oder Guadalquivir Polynesiens und die Insel Raiatea das Lissabon und Sevilla der Südsee. An seiner Mündung sammelten sich die Besatzungen der Auslegerkanus und Katamarane, bevor sie aufbrachen, um den Stillen Ozean im weiten Dreieck zwischen Neuseeland, Hawaii und der Osterinsel zu erkunden.

Die polynesischen Seefahrer entdeckten und besiedelten Hunderte von Inseln, wagten sich immer wieder aufs Neue hinaus in die unbekannten Weiten des Ozeans – und dies zu einer Zeit, als die Europäer sich noch auf den Schiffsverkehr im Mittelmeer beschränkten oder ängstlich an den Küsten des Atlantiks entlangsegelten. Als spanische, englische und französische Schiffe schließlich die Südsee erreichten, waren dort alle bewohnbaren Inseln bereits seit mehreren Hundert Jahren besiedelt.

Wir bewegen uns mit unseren Kanus also auf

historischem Gewässer. In der Tat gilt hier nicht das Land als umfassende und bestimmende Bezugsgröße, an dessen Rändern irgendwann einmal ein schwer zugängliches, manchmal furchteinflößendes Meer beginnt. In Polynesien ist der Ozean das Zentrum, er ist das Maß aller Dinge und stellt den Menschen in seinen endlosen Weiten hin und wieder einen winzigen Flecken Erde bereit. So haben auch die frühen Seefahrer gedacht, die von Raiatea aus die polynesische Inselwelt erkundeten. In alten Legenden wird das Segeln zu fernen Ufern und das Entdecken von Neuland deshalb als alltägliche Tätigkeit beschrieben und mit dem Fischen gleichgesetzt: Der tüchtige Seefahrer angelt sich seine Inseln aus dem Ozean.

Den jahrtausendealten Entdeckergeist der Polynesier repräsentieren die mythischen Geschwister Ru und Hina. Ru hatte einst das Himmelszelt über der Erde errichtet und danach ein Kanu gebaut, um zusammen mit seiner Schwester Hina die ozeanische Welt zu durchsegeln. Er stand mit dem Paddel am Heck, und Hina stand am Bug, um nach Land Ausschau zu halten. Sie entdeckten und benannten alle Inseln. Das Lied von ihrer Geschichte, bis Ende des 19. Jahrhunderts noch mündlich überliefert und erst dann für die Nachwelt aufgezeichnet, wiederholt in seinem Refrain die Entdeckung von Tahiti, Moorea, Bora Bora und anderen polynesischen Inseln. Als die beiden schließlich Raiatea erreichten, erkannten sie in ihr *havai'i*, die heilige Insel, die alle Nachbarn in ihrem Ruhm überstrahlt.

Wie die anderen Gesellschaftsinseln ist auch Raiatea umgeben von einem Ring winziger Eilande, den *motus*, die auf der Kante des Korallenriffs aus dem Meer gewachsen sind. Auf einer von ihnen schlug Hina ihr Lager auf und kam nach der anstrengenden Seereise erst einmal zur Ruhe. Es war ein gut gewählter Ort, denn von hier aus hatte sie die Lagune und die hoch aufragenden Berge von Raiatea im Blick. Damals wie heute wird das Wasser vor der Küste in einer Palette aus Südseefarben grün, blau und türkis geschimmert haben. Kleine und große, bunte und durchsichtige Fische werden im seichten Wasser der Lagune geschwommen sein, und manchmal wird ein fliegender Fisch über die Oberfläche gesprungen sein. Hina wird das Auslegerkanu ihres Bruders im Blick gehabt haben, während heutzutage hier und da die Jacht eines Weltumseglers in der Lagune dümpelt.

Im Hintergrund wird sie den Gipfel des tausend Meter hohen Tefatua, des höchsten Berges der Insel, gesehen haben, und vielleicht hat sich auch ihr das Schauspiel geboten, das heute vor uns abläuft: Als wäre sich die Insel mit ihrer glitzernden Lagune, ihrem Korallenriff und ihrem üppigen Vegetationsteppich selbst nicht genug, als müsste ihre Schönheit noch eine Steigerung erfahren, bewegen sich unablässig Wolkenbänder um den Gipfel des Tefatua. Mal weiß, mal grau, mal wie dichter Nebel, dann wieder wie lose Wattebäusche. Für einen kurzen Moment ist der Berg auf einmal völlig entblößt, bevor er sich neuerlich verhüllen lässt. Dieser beständige Wandel erscheint wie eine kokette Spielerei, die sich die Natur ganz nebenbei leistet, als könnte dem Betrachter die Landschaft allein auf Dauer zu langweilig werden.

Hina freilich, die rastlose Entdeckerin, konnte auch dieser Anblick nicht lange auf Raiatea festhalten. Eines Abends, als der Vollmond über dem Horizont aufging, stach sie mit ihrem Kanu wieder in See, um dem Mond entgegenzusteuern. Als sie dort ankam, gefiel es ihr so gut, dass sie ihr Boot für immer verließ. Seither wacht sie in der Nacht über die Reisenden, die es ihr gleichtun und mit unstillbarer Entdeckerlust über den Ozean segeln, immer auf der Suche nach neuen Inseln. Noch heute glauben viele Polynesier an die unsterbliche Frau im Mond.

Mit Hina allein aber konnten sich die Seefahrer auf dem großen Ozean nicht orientieren. Sie brauchten neben dem Mond weitere Fixpunkte am Himmel und schufen sich mit dem Sternenkompass ein raffiniertes navigatorisches Hilfsmittel, das ohne Instrumente auskam. Die Schiffsführer merkten sich alle Punkte am Horizont, an denen zu den verschiedenen Jahreszeiten Sonne, Mond und viele Gestirne auf- und untergingen, und setzten sie in Beziehung zu den bekannten Inseln. So wussten sie immer, in welche Richtung sie segelten. War der Himmel bewölkt, behalfen sie sich vorübergehend mit Windrichtungen und Strömungen.

Land musste nach Möglichkeit erkannt werden, bevor es tatsächlich ins Blickfeld geriet: durch Vogelflug, Wolkenformationen und Treibgut. »Diese Meister des Segelns fanden ihre Ziele mit der gleichen Sicherheit wie die besten Navigatoren der zivilisierten Nationen«, schrieb 1774 ein spanischer Besucher nach seinem Aufenthalt auf Tahiti. Neben dem Sternenkompass bedurfte es außerdem seemännischer Hardware: Das Auslegerkanu und der Katamaran mit Segeln aus Palmblättern waren die bahnbrechenden Erfindungen, die wochenlange Fahrten auf hoher See ermöglichten.

Anhand von Keramikfunden auf verschiedenen Inseln ist nachgewiesen, dass diese Seereisen schon vor mehr als dreitausend Jahren stattfanden. Vor etwa zweitausend Jahren gelangten dann die ersten polynesischen Kanus nach Tahiti, Moorea, Raiatea und zu den anderen Inseln des Gesellschafts-Archipels. Die Seefahrer kamen von Westen, ursprünglich von Neuguinea, und besiedelten zunächst die Inseln des heutigen Melanesien und Mikronesien. Dann kam die maritime Wanderung ein Jahrtausend lang zum Stillstand, bevor sich die Menschen erneut weiter gen Osten wagten. »Mahohi« nannten sich diejenigen, die zurückblieben, »maori« waren alle, die weiterzogen.

Es waren keine zufälligen Abenteuerreisen, sondern gezielte Entdeckungsfahrten auf der

Suche nach Neuland. Auf den winzigen Inseln wurden vermutlich immer wieder die Lebensmittel knapp, Lagunen waren leergefischt, Inzucht sollte vermieden werden. Kam der Wind einmal nicht, wie gewöhnlich, aus Osten, dann legten die Kanuflottillen ab, kreuzten auch einmal, soweit dies möglich war, gegen den Ostwind und hatten so die Garantie, mit dem vorherrschenden Wind wieder zurückzukommen, wenn keine neue Insel gefunden wurde.

Eine Rückreise war also immer eingeplant. Zwischen alten und neuen Siedlungen gab es regelmäßige Verbindungen, denn die Seefahrer wussten genau, zu welcher Jahreszeit sie welche Insel am besten erreichen konnten. Als der Weg nach Osten dann versperrt war – entweder weil man über eine weite Strecke keine Inseln mehr fand oder weil man auf die Barriere des amerikanischen Kontinents stieß –, segelten die Insulaner in andere Richtungen: nach Norden bis Hawaii und sogar dreitausend Kilometer nach Südwesten bis Neuseeland. Die Polynesier waren damals das Volk, das sich am weitesten auf dem Erdball verbreitet hatte. Im 14. oder 15. Jahrhundert aber war die Wanderung aus nicht mehr bekannten Gründen beendet, der Kontakt zwischen vielen Inselgruppen riss ab.

Raiatea war nicht der Ausgangspunkt für alle Entdeckungsfahrten, aber auf der heiligen Insel schlug das Herz der kulturellen Expansion. Hier holten sich Seeleute und Siedler den Mut und die

Kraft für ihre abenteuerlichen Fahrten. Die spirituelle Saat von Raiatea trug überall in der Südsee ihre Früchte, und später kamen Häuptlinge aus Neuseeland und von den Cook-Inseln, aus Tonga, Samoa und Tahiti zurück, um sich auf ihrer geweihten Insel zu treffen und den Göttern zu opfern. Raiatea wurde zum Mekka der Südsee, und auch heute noch pilgern die Menschen von weit her, um hier zu beten und kultische Handlungen abzuhalten.

Das Heiligtum von Taputapuatea, ein sogenanntes *marae*, ist die wichtigste archäologische Stätte Polynesiens. Unmittelbar am Ostufer von Raiatea wurde vor vielen Jahrhunderten ein ebenes Stück Land, fast so groß wie ein Fußballfeld, mit vulkanischen Steinen gepflastert, eine Art Kirchenbau ohne Dach und Wände. An der Meerseite ragen verschiedene Mauerreste in die Höhe: die eigentlichen Heiligtümer, auf denen die Opferriten stattfanden, die eine erfolgreiche Seefahrt garantieren sollten. Die heilige Stätte war auch Ausgangspunkt einer weiteren Reise. Hier sollen die Seelen der tapfersten Krieger Abschied genommen haben, bevor sie zurückkehrten nach *hawaiki*, dem legendären Ursprungsland der Südseebewohner. Taputapuatea ist allerdings nicht das einzige *marae* auf Raiatea. In den Bergen, unter dichter Vegetation versteckt, liegen weitere Kultstätten; manche vermuten hier sogar ein Machu Picchu Polynesiens.

Die traditionelle Kultur auf der Insel ist keineswegs nur verschüttet. Die Einwohner gehören zwar in ihrer großen Mehrheit heute christlichen Glaubensgemeinschaften an, sind Katholiken, Mormonen oder Adventisten, doch das hindert sie trotz regelmäßigen sonntäglichen Kirchgangs nicht daran, an nächtlichen Kulthandlungen auf dem *marae* teilzunehmen und in kultureller Eintracht einige der wichtigsten christlichen Glaubensvorschriften zu missachten. So ist auf der Insel kaum ein Paar amtlich oder kirchlich verheiratet. Im Dorf Opoa leben außerdem noch die Nachfahren der letzten polynesischen Königsfamilie, und auch wenn sie offiziell keine politische Macht mehr besitzen, ist ihr unterschwelliger Einfluss auf die Gesellschaft noch immer groß.

In Taputapuatea spürt auch der Fremde einen besonderen Zauber, jedoch nicht den üblichen Südseezauber aus Palmen, Strand und blauem Meer. Wir stehen auf diesen heiligen Steinen der Polynesier, neben einem der kleinen steinernen Götzen, der in der Nacht zuvor, von wem auch immer, mit einer frischen Blüte geschmückt worden ist, und haben die Lagune und das Meer bis zum Horizont im Blick. Das Auslegerkanu eines Insulaners segelt vorüber, und schon fühlen wir ganz unvermittelt die Aufbruchs- und Abschiedsstimmung, die an diesem Ort einst geherrscht haben muss. Wir stellen uns die voll beladenen und blumenverzierten Kanus vor, mit denen die Maori in See stachen, und versetzen uns mitten unter die winkenden Mahohi, die zurückblieben und eine glückliche Reise wünschten. Von Osten her schaut Hina aus dem gerade aufgegangenen Mond auf uns herab.

Auch die Wirklichkeit des heutigen Massentourismus lenkt von solchen Träumereien nicht ab. Denn Reisende, die sich für die maritime Kultur Polynesiens interessieren, trifft man auf den Gesellschaftsinseln immer noch selten. Die meisten bleiben am Strand, in den Touristenzentren. Junge Japaner in den Flitterwochen, amerikanische Ehepaare zur Goldenen Hochzeit, weit gereiste Pensionäre auf der Suche nach einem letzten großen touristischen Highlight, Weltumsegler auf hochseetüchtigen Luxusjachten oder Aussteiger, die sich für einige Monate in einem einfachen Bungalow einquartieren, um den Gauguin'schen Zauber vom palmenbestandenen Südseeparadies zu erleben. Den Zauber der ehrwürdigen Steine von Taputapuatea hingegen suchen die wenigsten.

Kommt schnell, Paradies gefunden

Wie drei Aussteiger aus Kalifornien den Overwater Bungalow erfanden

Man muss sich Jay Carlisle, Hugh Kelley und Don »Muk« McCallum als glückliche Männer vorstellen. Sie hatten einen Traum, und den haben sie verwirklicht. Mit allem Drum und Dran. Mit Sonnenuntergängen über palmengesäumten Lagunen, freier Liebe am Südseestrand und einer endlos sprudelnden Quelle cooler Drinks aus der eigenen Hotelbar. Männerträume – in den sechziger Jahren wurden sie noch wahr.

Die drei stammen aus Newport Beach in Kalifornien, sechzig Kilometer südlich von Los Angeles. Sie sind schon zusammen zur Schule gegangen. Der eine war Broker, der zweite Anwalt, der dritte Sportartikelverkäufer und Kneipier. Ende der fünfziger Jahre, mit Ende zwanzig, Anfang dreißig, hatten sie die Nase voll vom etablierten Leben, dem sie nur abends entflohen, wenn sie ihre Anzugjacken gegen Hawaiihemden tauschten, am Strand vor der Haustür Ukulelemusik hörten und sich in die exotische Ferne sehnten. Als Kelley eines Tages am Hafen hörte, dass die Besitzer einer Jacht mit Kurs auf Honolulu und Tahiti noch nach einem Crewmitglied suchten, ergriff er die Gelegenheit und heuerte kurzentschlossen an.

Die Passage dauerte Wochen. Aber sie lohnte sich. Als Kelley endlich in Tahiti ankam, war die Insel genau so, wie er sie sich vorgestellt hatte. Seinen Freunden kabelte er vier Worte: »Kommt schnell, Paradies gefunden.«

Dann noch ein Zufall: Kelley begegnete einem älteren Ehepaar, wie er aus Kalifornien, das eine Vanilleplantage auf der benachbarten Insel Moorea loswerden wollte. Die drei Jungs schlugen zu, kündigten daheim ihre Jobs, räumten die Sparbücher leer und kauften im Sommer 1960 die Plantage, ohne sie je zuvor besichtigt zu haben. Es kam, was kommen musste: Die Plantage war ein Reinfall. Das Ehepaar hatte seine naiven Landsleute übers Ohr gehauen. Nicht nur die Behörden von Französisch-Polynesien machten den fremden Jungunternehmern das Leben mit Visa-Forderungen und Regelungswillkür schwer, auch vom Vanillemarkt hatten die drei nicht die leiseste Ahnung. Als sie die Plantage kauften, waren die Preise gerade auf einem Höchststand, weil kurz zuvor ein Wirbelsturm in Ostafrika die Vanillewirtschaft zerstört und das Gewürz verknappt hatte. Als die Produktion auf Madagaskar wieder hochgefahren wurde, rauschten die Weltmarktpreise in den Keller.

Was taten die drei Kalifornier? Sie sagten: Jetzt erst recht, und wechselten die Branche. In seiner Stammbar in Tahitis Hauptstadt Papeete verwickelte Muk McCallum einen einheimischen Politiker ins Gespräch. Muk schlug ihm einen Deal vor:

Er und seine Freunde kaufen dem von Geldnöten geplagten Politiker vier leer stehende Bungalows auf dem Grundstück neben der Plantage ab, dafür besorgt er ihnen die nötigen Genehmigungen, ein Hotel zu eröffnen. Ein Name fürs Hotel war rasch gefunden. Einer ihrer Lieblingsfilme war »South Pacific« nach dem Buch von James A. Michener. Die mythische Insel darin heißt Bali Hai. So sollten auch die Bungalows heißen, und die Eigentümer selbst wurden bald auf ganz Tahiti bekannt als die verrückten »Bali Hai Boys«.

Um die Hütten voll zu bekommen, lauerte McCallum am Schiffsanleger von Moorea Touristen auf und überredete sie, statt ins gebuchte Hotel in einen ihrer Bungalows zu ziehen. Meeresrauschen und Freigetränke inklusive. Kelley kümmerte sich derweil um den Papierkram, Carlisle scheuchte die Angestellten herum und baute die Bungalows aus. Es klappte, das Geschäft lief. Als zwei Jahre später Papeete von den ersten Düsenjets aus Übersee angeflogen wurde, kamen immer mehr Besucher, die eine Unterkunft suchten.

Darunter war im Herbst 1962 auch Carl Mydans, ein bekannter Fotograf der amerikanischen Zeitschrift *Life*. Für Fotos von einem Atomtest war er in die Südsee gekommen, nun hörte er von den verrückten Bali Hai Boys. Drei Wochen wohnte er bei ihnen, trank Rum in rauen Mengen, feierte bis zum Morgengrauen und brachte anschließend, offenbar immer noch ganz berauscht, eine große Jubelreportage in seinem Magazin. Auf den Bildern sah man drei durchtrainierte junge Amerikaner in kurzen Hosen mit Blumenkränzen im Haar und Südseeschönheiten im Arm. Eine bessere Reklame hätten sich die Bali Hai Boys nicht wünschen können.

Das Hotel wuchs von vier Bungalows auf fünfundsechzig, doch auch das reichte nicht mehr, um alle Gäste unterzubringen. Die drei kauften auf den Nachbarinseln Grundstücke dazu, auf Huahine und auf Raiatea. Aber auch da stießen sie schnell an ihre Grenzen. Kelley hatte eine Idee: »Wenn wir auf Raiatea kein Land mehr haben können, weichen wir eben aufs Wasser aus.« Ein erster Holzverschlag auf Pfählen wurde probeweise in der seichten Lagune errichtet, mit Palmendach, wie die traditionellen Rundhütten der Ureinwohner. Damit war der »Overwater Bungalow« erfunden, der bald darauf in der ganzen Südsee Furore machen sollte.

Die Touristen waren begeistert. Über einen Steg konnten sie zum Pfahlbau gelangen und dann direkt über den Wellen schlafen. Sanftes Geplätscher unterm Boden, leichtes Knarren im Gebälk. Wie auf einem Schiff, aber ohne störenden Seegang.

Weitere Überwasser-Hütten wurden gebaut, auch im Bali Hai auf Moorea. Der Erfolg stellte sich endgültig ein, als Kelley Löcher in die Fußböden sägte, sie mit einer Glasplatte abdeckte und so schon vom Bett aus ein Blick auf die bunten Fischschwärme ermöglichte.

Nachahmer ließen nicht lange auf sich warten. In den siebziger und achtziger Jahren entstanden nicht nur in Polynesien, sondern an tropischen Gewässern rund um die Welt Overwater Bungalows. Von Florida bis Fidschi, von Malaysia bis Mauritius, von Bermuda bis Bora Bora. In der Tat haben die Bungalows den Original-Rundhütten der Ureinwohner als Symbol der Südsee inzwischen fast den Rang abgelaufen. Für die meisten Touristen gehört eine Übernachtung in einem der Stelzenhäuser zum Südseeerlebnis heute einfach dazu.

Von den schlichten Anfängen ist auch nicht mehr viel geblieben. Die Bungalows der großen Hotelketten sind mittlerweile mit allem erdenklichen Luxus ausgestattet. Fünf-Sterne-Standard mit Klimaanlage, Daunendecken, Massageduschen, Champagnerkühler und Zimmerservice. Perfekt für Hochzeits- und Liebespaare, die Komfort mit romantischer Naturnähe verknüpfen wollen. In der Dunkelheit schwimmen die bunten Fische dann im Scheinwerferlicht unterm Glasboden vorbei.

Zu Anfang haben sich die Hotels selbst auf den touristisch entwickelten Inseln Französisch-Polynesiens beim Bau der Wasserbungalows an die Größenverhältnisse der Originalidee gehalten. Die Atolle und Lagunen rund um Tahiti gehören deshalb immer noch zu den schönsten und am wenigsten verbauten Küstenlandschaften der Erde. Doch diese Zurückhaltung scheint verloren zu gehen. Einige neuere Hotels ragen bereits mit einer Kette von Bungalows wie riesige Landungsstege weit in die Lagunen hinaus. Das beeinträchtigt nicht nur die Aussicht. Die Stelzenhütten werden zunehmend auch zu einem ökologischen Problem. Für sie werden mächtige Pfähle in den seichten Meeresboden gerammt und künstliche Strände zum Baden aufgeschüttet. Das gefährdet das hochempfindliche Südseeparadies. Immerhin hatte schon Charles Darwin während seiner fünfjährigen Weltumseglung das zerbrechliche Gerüst der »höchst seltsamen Ringe aus Korallenfelsen, die sich gerade über den Wasserspiegel erheben«, beschrieben. Langsam absinkende Vulkanmassive und gleichzeitig heraufwachsende Korallenriffe schaffen die eigenartigen Gebilde, die unter Wasser vor Leben strotzen. Tausende von Fischen, Muscheln, Würmern, Krebsen, Seesternen und Algen bauen mit am Korallenriff und erhalten es am Leben; sie vertragen keine fremde Bautätigkeit, keine veränderten Strömungsverhältnisse durch Pfähle und Eintrübungen des Wassers durch Badende.

Doch die Gefahr wird nicht erkannt, oder sie wird verdrängt. Mit Subventionen fördern die tahitianische und die französische Regierung den weiteren Ausbau von Hotels und Bungalows, obwohl die Auslastung längst zu wünschen übrig lässt. Es gibt viel mehr Hotelzimmer als Gäste. Trotzdem verzichten die internationalen Hotelketten auch aus Prestigegründen nicht darauf,

auf Inseln wie Tahiti oder Bora Bora vertreten zu sein, selbst, wenn die Rendite nicht stimmt.

Dafür geht man sogar noch größere Risiken ein: Im Herbst 2005 musste ein Bungalow-Hotel auf Bora Bora wegen einer anrückenden Flutwelle evakuiert werden. Das Meer drang in die Lagune ein und setzte die Pfahlbauten unter Wasser, das gesamte Hotel blieb monatelang geschlossen. Der häufig beschworene Anstieg des Meeresspiegels und die nun auch weltweit wahrgenommene Tsunami-Gefahr lassen die neuen Großvorhaben rund um Tahiti als fragwürdigen Luxus auf Stelzen erscheinen. Eine originelle Idee bewährt sich eben nicht immer und überall, und schon gar nicht in Maßlosigkeit.

Wie Halsketten der Götter

Noch eine Extraschleife mit Air Tahiti: Südseestudien aus der Luft

Weil es in ihrer Inselwelt einfach zu schön ist, fliegen die Piloten der Air Tahiti vor der Landung gern eine zusätzliche Schleife. So bekommen die Passagiere kostenlos eine touristische Zugabe und können ihr Urlaubsziel schon einmal in Ruhe von oben in Augenschein nehmen. Schöner kann die Annäherung an eine Ferieninsel nicht sein.

Und am Boden setzt sich die exklusive Schau gleich fort: Auf den Inseln Maupiti, Manihi und Rikitea schwimmen Airport Shuttles über die Lagune. Auf dem internationalen Flughafen von Papeete kurven die kleinen Maschinen der regionalen Fluggesellschaft unmittelbar am Rand des Ozeans zwischen den Großraumflugzeugen umher, die Touristen aus allen Kontinenten in die Südsee fliegen. In Rangiroa und Tikehau landen die Flugzeuge zwischen Lagune und offenem Meer auf dem mit Kokospalmen bewachsenen Korallenriff. Auf der Marquesas-Insel Hiva Oa liegt die winzige Landepiste weit oben im Gebirge. Auf Nuhu Hiva führt die einzige Verbindung vom Flugplatz zum Ort über eine kurvenreiche Höhenstraße, die nur von Autos mit Vierradantrieb bewältigt werden kann. Landungen und

Ankünfte dieser Art sind in der Südsee an der Tagesordnung.

Aus hundertachtzehn Inseln besteht allein Französisch-Polynesien, und die wichtigsten davon fliegt Air Tahiti mit ihren Turboprop-Maschinen an – eine kleine Fluglinie im permanenten Großeinsatz. Die Inseln liegen weit verstreut über fünf Archipele: die Gesellschaftsinseln, die Tuamotus, die Marquesas, die Austral- und die Gambier-Inseln. Die Flugzeuge müssen ein Gebiet überqueren, das so groß ist wie der europäische Kontinent von Stockholm bis Sevilla, von London bis Istanbul. Unterwegs bieten sich den Fluggästen immer wieder atemberaubende Ausblicke auf die ozeanische Geografie; Seite für Seite wird ein farbiger Südsee-Atlas aufgeblättert. Die tieffliegenden Maschinen überqueren Inseln, Atolle, Riffe und Lagunen, die sich zusammen mit den gelegentlich auftauchenden Wolkenbändern in ein farbenprächtiges Landschaftsgemälde einfügen.

Vom Flugzeug aus erkennt man den Aufbau der typischen Südsee-Atolle besonders gut. Es sind ringförmige Gebilde, in deren Mitte sich ein vulkanischer, üppig bewachsener Landkern oder bloß ein Flecken Sand befindet, eingerahmt von einem Gürtel aus Korallenriffen, der sich wie ein Schutzwall um die Insel legt und die Pazifikwellen aus der stillen Lagune heraushält. Auf der Kante des Riffs liegt eine Kette von *motus*, winzige Eilande, manchmal sandig und kahl, manchmal dicht mit Kokospalmen bewachsen. Vor allem bei den großen Atollen des Tuamotu-Archipels, deren vulkanischer Kern längst im Meer versunken ist und die einen Durchmesser von bis zu hundert Kilometern haben, erkennt man den vollständigen Inselring nur noch vom Flugzeug aus. Besonders eindrucksvoll ist das Luftbild, wenn gleich mehrere Riffgürtel aufeinanderstoßen. Wie von fernen Göttern drapierte Halsketten erscheinen die Atolle in den tiefblauen Weiten des Pazifiks.

Unten am Boden mag vielleicht nicht mehr überall der legendäre Südsee-Zauber existieren, der wohl auch zu Zeiten von Captain Bligh und Captain Cook nicht ungetrübt gewesen ist. Doch aus der Luft erscheinen die Archipele Französisch-Polynesiens noch immer als ein von Menschenhand kaum verändertes Meisterstück der Schöpfung, so wie es im 18. Jahrhundert der Weltumsegler Louis-Antoine de Bougainville erblickte: »Es schien mir der Garten Eden zu sein«, notierte er damals, und dem ist auch heute nichts hinzuzufügen, zumindest aus der Perspektive des Fliegers.

Reif für diese Insel

Kaum ein Ort im Südpazifik ist so schön und abwechslungsreich wie Grande Terre in Neukaledonien

In der Stille des Nachmittags hören wir das Wummern des Motors und das Knacken der Räder im Unterholz, lange bevor der mächtige Geländewagen um die Ecke biegt. Bernard Gaüzère hält am anderen Ufer des Baches und winkt. Wir nehmen unsere Taschen und waten durchs flache Wasser. Unseren kleinen Mietwagen lassen wir am Rand der Sandpiste zurück. Wird schon nichts passieren, ist ja weit und breit niemand da, außer uns.

Bernard hat gescheiteltes graues Haar, eine gallische Nase, einen kleinen Bauch. Besonders gesprächig ist er nicht. Er deutet auf die Ladefläche seines Wagens: »Bagages.« Dahin mit den Taschen. Wir rücken zu ihm in die Fahrerkabine, Bernard zündet wortlos den Motor und gibt Gas.

Eine knappe halbe Stunde holpern wir durch mannshohes Gras, über Hügel, durch Senken. Wildpferde treiben im grünen Meer. Nur ihre Köpfe sind zu sehen. Unser Ziel ist Le Paddock de la Boutana, Bernards kleine Farm. Sie liegt am Fuß des Forêt Plate im dünn besiedelten Nordwesten von Grande Terre, der vierhundert Kilometer langen und fünfzig Kilometer breiten Hauptinsel Neukaledoniens. Irgendwo im Nirgendwo. Nicht nur Bernards Verschlossenheit weckt Zweifel, ob seine Idee, die Farm zahlenden Gästen als Urlaubsunterkunft zur Verfügung zu stellen, eine gute ist. Der Ort ist einfach ziemlich weit ab vom Schuss.

Marie-Claude erwartet uns vor dem flachen weißen Haupthaus. Auch sie schüchtern, im Vergleich zu ihrem Ehemann allerdings fast eine Plaudertasche. Wie war die Anreise? Gut? Fein. Schnell gefunden? Nein? Hm, ja, ist abgelegen. Stimmt.

Der Dresscode ist leger. Marie-Claude trägt lange Jeans und einen schwarzen Strickpullover. Bernard variiert den schwarzen Pulli mit kurzen Khakis. Das Haus umgibt ein sorgsam gemähter, mit hohem Maschendraht gegen wilde Tiere umzäunter Rasen. Vor der Haustür stapeln sich die bleichen Geweihe mehrerer Dutzend erlegter Hirsche zu einer befremdlichen Kadaver-Skulptur. Am Horizont ragt dekorativ eine Bergkette empor. Sonst ist nicht viel zu sehen, außer hohem Gras und Bäumen. »Ruhe und Frieden erwarten Sie hier«, lasen wir im Verzeichnis der einheimischen Ferienunterkünfte, der »Gîtes Nouvelle-Calédonie«, über Le Paddock de la Boutana. Ja, so kann man es wohl sagen.

Lange Zeit haben Bernard und Marie-Claude ausschließlich als Farmer gelebt, bis zu den Bergen reicht ihr Besitz. Will Bernard einmal um sein Land herumfahren, ist er zwei Stunden unterwegs. Eine einsame Landwirtschaft, unterstützt durch üppige Wildbestände. Da musste nicht viel geredet werden, da ging man den lieben langen Tag seiner harten Arbeit nach, grillte abends ein tellergroßes Hirschsteak und schaute auf dem Wohnzimmersofa »Wer wird Millionär?« in der französischen Fassung oder anderes Satellitenfernsehen aus dem fernen Mutterland. Anschließend früh zu Bett.

Doch die Verdienstmöglichkeiten aus Landwirtschaft und Jagd ließen nach. Neukaledonien kann es sich leisten, die meisten Waren für den täglichen Bedarf zu importieren. Es ist ein an Bodenschätzen reiches Land. Chrom, Kobalt, Gold wurden viele Jahre gewinnbringend abgebaut, heute sorgt zunehmend der Nickel für Einnahmen, für den im Norden und im Süden von Grande Terre große Schächte in den Boden getrieben wurden. Ein Viertel der weltweiten Nickelerzvorkommen liegt hier unter der Erde, über die Hälfte davon wartet noch auf Erschließung und Ausbeutung.

»Was also tun?«, fragten sich Bernard und Marie-Claude, als sich ihre Landwirtschaft kaum noch lohnte. Wie wäre es mit Tourismus, hieß es da aus der fernen Inselhauptstadt Nouméa. Macht aus eurer Farm doch ein Feriendomizil!

»Was für eine Idee«, schnaubt Marie-Claude, als wir später am Abend bei einem Glas australischen Weißwein in perfekter Dunkelheit auf der Terrasse sitzen. Sie lässt offen, ob der Vorwurf an die Ratschläge aus der Hauptstadt geht – oder an sich selbst, weil sie die Ratschläge ernst nahmen. Acht bis zehn Gäste können sie beherbergen, für umgerechnet fünfundsechzig Euro pro Person. Schlichte Zimmerchen, mit Frühstück, Abendessen und einer Fahrt mit dem schweigenden Bernard in der Dämmerung zu den Futterplätzen der Wildtiere als Unterhaltungsprogramm. Doch wir sind die einzigen Gäste an diesem Tag. In der Tat sind wir die einzigen Gäste seit Wochen. »Wo sind sie, die Touristen?«, fragt Marie-Claude. »Wann kommen sie endlich?«

Hinter der Frage steckt mehr als eine Fehleinschätzung des touristischen Potenzials einer abgelegenen Farm im Norden. Denn Neukaledonien insgesamt ist bislang kein Touristenmagnet. Gerade einmal neunzigtausend Besucher kommen jährlich hierher, so viel wie nach Berlin an zwei Tagen. Seit zehn Jahren ist diese Zahl trotz Werbeaktivitäten praktisch konstant geblieben. Ein Drittel der Gäste sind Franzosen auf Verwandtenbesuch.

Dass es mit dem Tourismus kaum vorangeht, liegt auch daran, dass die politische Zukunft des Archipels ungewiss ist. Drei große Bevölkerungsgruppen leben im Land, sie haben sehr unterschiedliche Interessen und Forderungen an die Regierung. Bernard und Marie-Claude sind das, was man in Neukaledonien als Caldoches bezeichnet: weiße Nachfahren der ersten französischen Siedler, zumeist ehemalige Gefangene, die von Paris im späten 19. Jahrhundert in die Strafkolonie auf Grande Terre verschickt worden waren und nach der Freilassung kein Geld für die Rückfahrt hatten.

Die anderen beiden großen Gruppen sind die melanesischen Ureinwohner, die sich selbst Kanak nennen (was in ihrer Sprache nichts anderes als »Menschen« bedeutet) und noch etwa vierzig Prozent der rund zweihundertdreißigtausend Einwohner stellen, sowie die städtisch geprägten Neueinwanderer aus Europa, die fast alle in und um Nouméa wohnen und deshalb Métropolitains heißen.

Die Caldoches pochen auf ihre eigene Kultur und ihre Rechte als Kolonisten in vierter oder fünfter Generation, die große Teile des Landes urbar gemacht und den Bergbau vorangetrieben haben. Sie wollen die Verbindungen zu Frankreich nicht kappen und weiter vom Mutterland geschützt und unterstützt werden. Die Kanak wiederum, die seit zweieinhalbtausend Jahren hier siedeln, betrachten die Caldoches immer noch als Eindringlinge und fordern seit Jahrzehnten die Unabhängigkeit ihres Landes; in den achtziger Jahren des vergangenen Jahrhunderts taten sie dies auch mit Gewalt, heute durch politischen Aktivismus für ein freies »Kanaky«. Die dritte Gruppe schließlich, die Neueinwanderer, will mit den historischen Auseinandersetzungen nichts zu tun haben und kümmert sich um ihre jeweiligen Partikularinteressen: Für die einen ist es das schöne Leben in einem Südseeparadies mit Tauchen und Segeln, für die anderen sind es wirtschaftliche Anliegen, womit wir wieder beim Thema Nickel wären.

Man könnte sagen, dass sich die Caldoches und die Kanak in ihrer Opposition zur heutigen französischen Nickelpolitik eigentlich einig sind. Beide profitieren nämlich so gut wie nicht vom Bergbau – oder höchstens indirekt durch die Bereitschaft der französischen Regierung, wegen der üppigen Rohstoffvorkommen weiterhin Subventionen für das Überseegebiet zu zahlen. Im Süden wurden seit der Jahrtausendwende mehr als zwei Milliarden Euro in eine neue Anlage investiert, die mit einem neuartigen Verfahren auch die Ausbeutung von Böden mit geringerem Metallgehalt erlaubt. Der Rohstoffboom der letzten Jahre trug ebenfalls dazu bei, dass die Geschäfte der Nickelindustrie florieren. Das Problem ist nur: Die Erlöse fließen praktisch direkt außer Landes an internationale Großkonzerne. Nicht einmal Arbeitsplätze werden in nennenswerter Zahl geschaffen. Die Nickelerze werden in Neukaledonien praktisch nur abgebaut, die arbeitsaufwendige Weiterverarbeitung findet hauptsächlich im Ausland statt. Insgesamt waren Ende 2008 lediglich knapp dreieinhalbtausend Menschen in der einheimischen Nickelindustrie beschäftigt, wie eine Studie ergab. Nicht mal vier Prozent der Erwerbsbevölkerung.

Die Kanak wollen nun am liebsten selbst entscheiden, was mit den Rohstoffen im Land künftig geschieht und wohin die Einnahmen fließen. Viele Caldoches hingegen sind als Bauern und Viehzüchter grundsätzlich gegen die naturzerstörende Industrie und wollen sie begrenzen. Diejenigen unter ihnen, die wie Bernard und Marie-Claude auf Tourismus setzen, halten weitere große Bergwerke und Fabriken auf Grande Terre sogar für nachhaltig wirtschaftlich schädlich. »Wie soll sich denn hier Tourismus entwickeln, wenn die Minen unser Land zerstören?«, fragt Marie-Claude. Es sind nicht nur der Lärm und Lkw-Verkehr. Auch Bodenerosion und Wasserverschmutzung sind Folgen des Bergbaus. Marie-Claude hat aus Protest ihren schwarzen Mischlingshund »Nickel« genannt – und freut sich jedes Mal, wenn sie den verwöhnten Rüden von der Wohnzimmercouch vertreiben kann: »Nickel, raus!«, ruft sie dann.

Im Jahr 2008 kam Neukaledonien einen guten Schritt voran auf dem Weg zum Touristenziel. Die UNESCO setzte die Lagune des Archipels auf die Liste des Weltkulturerbes. Dafür hatten Umweltschützer mehrere Jahre gekämpft. Aber auch die französische Regierung, die trotz der Rohstoffinteressen den Antrag auf Aufnahme bei der UN-Organisation gestellt hatte. Im klaren Wasser rund um die Hauptinsel befindet sich das zweitgrößte Korallenriff der Erde nach dem Great Barrier Reef vor Australien. Alles in allem sechzehntausend Kilometer lang, Heimstatt für mehrere Tausend Arten, von denen erst ein geringer Teil erforscht und klassifiziert worden ist. Im kleinen, aber feinen Aquarium von Nouméa, das vor ein paar Jahren gründlich renoviert wurde (zu vierzig Prozent bezahlt aus EU-Mitteln), kann man einen Ausschnitt dieser exotischen Lagunenwelt besichtigen, von Papageienfischen über fluoreszierende Korallen bis zum Nautilus, einem vierzig Millionen Jahre alten Kopffüßler, der sich wippend durchs Wasser bewegt. Die von der UNESCO geschützten Gebiete liegen vor allem vor der Westküste und im Norden von Grande Terre sowie vor der Insel Ouvéa, also praktischerweise dort, wo kein Nickel abgebaut wird.

Einer, der leidenschaftlich für den Naturschutz kämpft, ist Jean-Christophe Damond. Der Einunddreißigjährige mit dunkelblonden Engelslocken ist kein Caldoche, er kam erst Anfang der neunziger Jahre mit seinen Eltern aus der französischen Provence nach Nouméa. Nach der Ausbildung verdient er sich nun sein Geld mit Jeep-Touren zu den Naturschönheiten des Archipels, er arbeitet für den kleinen Abenteuerreisen-Anbieter Aventure Pulsion. Jean-Christophe hegt keine Zweifel am Tourismuspotenzial Neukaledoniens: »Es ist ein Paradies, eine Arche Noah«, schwärmt er während einer Rundfahrt durch die Südprovinz. Hier ist die Insel so abwechslungsreich wie kaum ein anderer Ort im Südpazifik. Zugleich ist sie ein Raritätenkabinett für Naturforscher. Fünfundsiebzig Prozent aller Arten gibt es nirgendwo sonst auf der Welt, viele Tiere und Pflanzen haben sich seit Urzeiten nicht verändert. Sie stammen noch aus der Ära von Gondwana, dem einstigen Großkontinent auf der Südhalbkugel, bevor sich Neukaledonien von Australien abspaltete und nach Osten trieb. Die Pflanzen haben sich über Jahrmillionen an den Mangel an Wasser und Stickstoff im kargen, metallischen Boden angepasst. Einige sind sogar zu Fleischfressern geworden und holen sich das Nötige zum Überleben durch das Einfangen von Insekten.

Wir fahren durch den Parc de la Rivière Bleue, ein neuntausend Hektar großes geschütztes Gebiet zwischen dem Yaté-Stausee, aus dem immer noch die Stämme und Äste überspülter Bäume herausragen, und einer trockenen Prärie mit tiefroter Erde im Regenschatten der Berge. Schnurgerade führen die schmalen Staubpisten bis zum Horizont, über die wir mit dem Jeep hinwegdonnern. Rinderherden grasen im Schatten weniger verbliebener Bäume, nachdem hier zu Beginn des 20. Jahrhunderts im großen Maßstab die Urwälder abgeholzt wurden. Es ist eine beeindruckende, raue und einsame Landschaft wie im Wilden Westen von Colorado oder Arizona. Doch biegt man von den Pisten ab und fährt nur wenige Minuten tiefer in den geschützten Park hinein, findet man sich bald in einem kleinen Tropenwald wieder: mit Palmen, Orchideen, roten Farnen und hohen Araukarien, einheimische Koniferen, die aussehen wir Pfeifenreiniger für Riesen. Der Star des Waldes ist der »Große Kaori«, ein tausend Jahre alter Baum, vierzig Meter hoch, mit einem Stamm von zwanzig Metern Umfang. Jean-Christophe stellt sich für ein Foto auf, er wirkt neben dem gewaltigen Baum wie ein Däumling.

Der Wald beherbergt noch eine weitere Attraktion: den Kagu, eine Art Nationaltier Neukaledoniens. Der grauweiß gefiederte, fleischfressende Vogel (Würmer, Eidechsen und Spinnen stehen auf seiner Speisekarte) ist weder besonders hübsch noch besonders intelligent, sein Schrei klingt wie das Gebell eines heiseren Hundes. Dafür ist er aber selten, was sich durch die mangelnde Intelligenz begründet. Weil flugunfähig und zugleich außerordentlich zutraulich, hatten Ratten, verwilderte Hunde und andere Raubtiere leichtes Spiel. Der Bestand war vor ein paar Jahren praktisch auf null dezimiert. Durch Aufzuchtprogramme leben inzwischen wieder rund tausend Exemplare des Kranichvogels auf Grande Terre, ein paar wurden auch dem Vogelpark im niedersächsischen Walsrode zur Verfügung gestellt.

Keine Fahrt durch den Park, ohne einen Abstecher zu den Tummelplätzen des Kagu. Jean-Christophe und seine Kollegen scheinen sich einen Spaß daraus zu machen, ihre Klientel zu beobachten, wie sie mit schussbereiten Kameras aus den Wagen klettert in der Hoffnung auf einen spektakulären Exoten. Und dann stakst auf dünnen roten Beinen eine kleine Truppe Kagus aus dem Gebüsch, die fast so aussehen wie hundsnormale norddeutsche Möwen. Die Enttäuschung war auch uns ins Gesicht geschrieben.

Jean-Christophe fährt mit uns weiter zu den Madeleine-Wasserfällen. Sie liegen inmitten sanft geschwungener grüner Hügel. Hier wirkt der Süden schon wieder anders, friedlich und gemäßigt wie ein nordeuropäisches Arkadien. Man ahnt, warum der Entdecker Captain Cook 1774 den Archipel »New Caledonia« taufte – Neuschottland. Drei junge Leute springen von der Klippe der breiten Fälle fünf Meter hinab ins Flussbecken. Es sind die ersten anderen Touristen, denen wir an diesem Nachmittag begegnen.

Als Jean-Christophe uns später zurück zu unserer Unterkunft fährt, erzählt er von einem Kanu-Ausflug auf dem Stausee bei Vollmond, den er für nächste Woche geplant hat: »Wie ist es«, fragt er, »wollt ihr nicht mitkommen? Es sind noch Plätze frei.«

Unsere letzte Tour auf Grande Terre führt uns wieder gen Norden, nach Hienghène an der Ostküste. Wir passieren verstreute Dörfer, die aus ein paar Häusern bestehen, hier eine kleine Kirche mit Friedhof, dort ein Sportplatz, auf dem Kinder Fußball spielen, oder ein kleiner Kiosk, der belegte Baguettes verkauft. Je weiter nördlich wir kommen, desto einsamer wird es jedoch. Nur die vereinzelten improvisierten Obst- und Gemüsestände am Straßenrand lassen ahnen, dass im tiefen Busch dahinter noch weitere Siedlungen versteckt sein müssen.

Die Region um Hienghène ist mehrheitlich

von Kanak bewohnt. Lediglich der Apotheker, der Dorfpolizist und ein paar Aussteiger sind eingewanderte Franzosen. Auf uns wartet Jean-Pascal Matai im kleinen Fremdenverkehrsbüro an der Hauptstraße. Das Namensschild trägt der junge Kanak auf seinem Hemd mit hellblauen Blumen so stolz wie Gary Cooper den Sheriffstern. Wir hatten den Wunsch geäußert, das Landesinnere zu verlassen und Wassersport zu treiben. Jean-Pascal fährt mit uns zum Strand, er hat eine Kajakfahrt arrangiert, rund um die »große Henne«, einen skurril geformten Felsen im Meer. Als Beifahrer im Sportunterricht der örtlichen Schule!

Ein Dutzend breit grinsender Zwölf- bis Vierzehnjähriger in roten Schwimmwesten steht schon bereit. Unverkennbar ist allerdings auch die Skepsis gegenüber den Fremden. Der Sportlehrer, ein junger Franzose mit Pferdeschwanz, weist mich Ingrid zu, einer kräftigen Dreizehnjährigen mit kleinen Löckchen. Ich steige zu ihr in den Doppelkajak aus Kunststoff. Ingrid paddelt los, wirft sich gegen die heranrollenden Wellen des Ozeans wie eine Weltmeisterin, es ist mir unmöglich, ihr Tempo mitzuhalten. Nach einer Weile, als wir uns für meinen Geschmack (hier gibt es Haie, hatte Jean-Pascal freundlich lächelnd gewarnt) schon viel zu weit vom Land entfernt haben, dreht sich Ingrid um und richtet mit konzentrierter Miene den ersten Satz an mich – auf Englisch: »Do you like it?« Aber natürlich. Es ist wunderschön. Aber wollen wir nicht langsam wieder zurück ans Ufer?

Als wir eine Stunde später alle wieder am Strand sind, die Kajaks mit dem Schlauch abgespritzt und in die Garage getragen haben, lachen die Kinder erleichtert, und wir lachen auch. Wir waren für die Schüler von Hienghène vermutlich eine Enttäuschung wie die Kagus für uns: als große Attraktion angekündigt, doch dann unspektakulär, seltsam und fremd.

Auf Jean-Pascals nächster Station spüren wir nicht einmal das Interesse, sich den Fremden anzunähern. Er fährt mit uns ins Tal der Werap, einem noch halbwegs nach alter Sitte lebenden Kanak-Stamm. Es duftet süßlich nach Hibiskus, neben kleinen Häusern mit roten Dächern stehen mit Plastikplanen abgedeckte Strohhütten als Zweitwohnsitze. Der Häuptling besitzt dazu noch eine Wellblechgarage mit einem dunkelgrauen BMW darin, doch er lässt sich nicht blicken. Stattdessen lädt uns Bamy Matial zum Essen ein. Wir haben, wie es den melanesischen Sitten entspricht, ein Gastgeschenk mitgebracht: in Stoff eingewickelte Geldscheine, fünfhundert Pazifische Francs, etwa vier Euro. Es soll nur eine Geste des Respekts sein, kein großer Betrag, hatte man uns gesagt. Bamy bedankt sich und bittet uns an den Holztisch in seine kühle Hütte. Neben dem Tisch brummt eine elektrische Kühltruhe, in einer Ecke stehen eine große Stereoanlage und ein Fernseher. Bamy tischt uns eine *bougna* auf, »das

Cordon bleu der Werap«, versucht sich Jean-Pascal an einem Witz und füllt seinen Teller reichlich. Es ist ein traditioneller Eintopf aus Hühnchen, Yamswurzel, Bananen und Süßkartoffeln in Kokosmilch, stundenlang in Bananenblättern gegart, eher mild im Geschmack. Dazu, für die Gäste, ein Glas Roséwein. Bamy holt auch noch eine angebrochene Flasche Maggi-Würze aus dem Regal. Wir staunen. Die hätten wir hier nicht erwartet. Aber Bamy hat eine Erklärung: »Die hat kürzlich ein deutsches Fernsehteam dagelassen, als es einen Reisebericht drehte.« Wenn Besucher einen authentischen Stamm der Kanak sehen wollen, bringt Jean-Pascal sie offenbar immer zu den Werap. Das hat sich mittlerweile so eingespielt, dass wir kein Aufsehen mehr erregen. Was bei den Schulkindern noch schüchterne Zurückhaltung war, ist bei Bamy und seinen Clangenossen schlicht Routine. Der Besuch der Fremden in der Mittagshitze wird abgewickelt wie die Visite des Briefträgers. Nach einer Dreiviertelstunde ist unsere Zeit um, Bamy steht auf, und wir laufen zurück zum Wagen. Bamy winkt uns kurz nach und zählt die Geldscheine, die wir mitgebracht hatten.

»Wie viele Touristen kommen inzwischen nach Hienghène?«, fragen wir Jean-Pascal. Im Schnitt vielleicht zehn bis zwanzig pro Woche, schätzt er. »Es könnten viel mehr sein, es ist doch so schön hier.«

Das Warten auf Touristen eint Jean-Pascal mit Marie-Claude und Bernard. Und auch mit dem jungen Jean-Christophe, der seine Kanu-Touren nicht voll bekommt. Sie alle haben recht: Es ist schön in Neukaledonien, im Norden wie im Süden. Es wäre eine Schande, wenn sich die Hoffnung auf mehr Besucher nicht erfüllte. Es muss ja kein Massentourismus werden. Dafür ist Neukaledonien ohnehin zu abgelegen, und seine Qualitäten offenbaren sich eher dem unternehmungslustigen Naturliebhaber als ruhesuchenden Pauschalurlaubern.

Manche Einheimische zeigen allerdings schon großes Talent als Gastgeber in einer zukünftigen Touristenhochburg: Wir übernachten im Koulnoué Village Hotel, einer nicht weit von Hienghène, direkt am Strand gelegenen aufgegebenen französischen Ferienclubanlage. Sie wird nun seit ein paar Jahren von Kanak betrieben. Wir sind, mal wieder, fast die einzigen Gäste. Es ist so still und einsam, dass in der Dämmerung die Hirsche aus dem Wald treten und zwischen den Sonnenliegen am Swimmingpool grasen. Auch das riesige Hotelrestaurant ist zum Abendessen gähnend leer. Nur vier Tische sind besetzt. Wir steuern auf einen kleinen Tisch auf der Terrasse zu. Eine dunkelhäutige Kellnerin stellt sich uns in den Weg, ihr Blick streng, ihre Haltung ungnädig wie in einem Touristen-Hotspot in Saint-Tropez: »Haben Sie reserviert?«

Haus für einen Helden

Renzo Pianos Kulturzentrum auf Grande Terre ist dem ehemaligen Priester Jean-Marie Tjibaou gewidmet. Es erinnert an den blutigen Freiheitskampf der Kanak

Ein junger Wächter mit pechschwarzen Locken döst hinter einem offenen Fenster. Fette Geckos schieben sich über die Wände des Eingangspavillons, die die Mittagshitze gespeichert haben. Im Hintergrund ragen zehn haushohe Schalen aus silbrigem Holz und Stahl aus einem Tropenwald empor. Das Ganze wirkt so friedlich, harmonisch und weltentrückt, dass man kaum vermutet, welch architektonisches Meisterwerk vor einem steht. Noch weniger ahnt man die bittere Geschichte, die zu diesem Museumsbau führte. Selten hat ein Denkmal auf den ersten Blick so über seinen Sinn und Zweck hinweggetäuscht wie das Tjibaou-Kulturzentrum nahe der neukaledonischen Hauptstadt Nouméa.

Es war im Jahr 1975, als an dem Ort des heutigen Kulturzentrums das Festival »Melanesien 2000« stattfand. Was beflissen klingt wie jedes andere Kulturfest zwischen Mainz und Melbourne, war in Wirklichkeit ein lang ersehnter Aufbruch für die Ureinwohner des Archipels, den Kanak von Neukaledonien.

Seit der Inbesitznahme durch Frankreich 1853,

das auf der Hauptinsel Grande Terre eine Strafkolonie errichtete, wurden die Kanak an die Ränder ihrer Heimat verdrängt. Sie wurden in Reservate verschoben und von öffentlichen Schulen ferngehalten, sie verfügten über kein Wahlrecht und konnten ihre Traditionen nur innerhalb der Familien und Stammesgesellschaften, der *tribus,* ausleben. Nur allmählich und auf internationalen Druck hin räumte Frankreich nach Ende des Zweiten Weltkriegs den Kanak mehr Rechte ein und erlaubte kulturelle Selbstbestimmung. Das erste große, öffentliche Zeichen des Wandels war das Festival Mitte der siebziger Jahre auf einer Halbinsel zehn Minuten von Nouméa entfernt.

Begründer der Veranstaltung war ein gewisser Jean-Marie Tjibaou. 1936 in Tiendanite geboren, einem Dorf im einsamen Norden von Grande Terre, besuchte Tjibaou eine Missionsschule der Jesuiten und ließ sich 1965 zum Priester weihen. Er reiste nach Frankreich, um in Lyon und Paris Soziologie und Ethnologie zu studieren; doch was aussah wie eine gelungene Flucht aus einer von Rassenschranken durchsetzten Gesellschaft, kam 1970 zu einem plötzlichen Ende. Tjibaou legte mit vierunddreißig Jahren sein Priesteramt nieder, um für die Selbstbestimmung seines Volkes zu kämpfen. Sein Vorbild waren die Black-Power-Bewegung in den Vereinigten Staaten und die Entkolonialisierung auf dem afrikanischen Kontinent. Freiheit und Selbstbestimmung für alle sollte nun auch in Melanesien erreicht werden.

Zunächst kämpfte Tjibaou innerhalb der vorhandenen politischen Instanzen, als Bürgermeister seines Heimatorts und Vertreter der Kanak in der Inselregierung. Bald jedoch, als sich grundlegende Veränderungen nicht einstellten, trat er einer Unabhängigkeitsbewegung bei, die sich zunehmend radikalisierte und im Falle Tjibaous zu einem tragischen Ende führte.

Das fünftägige Festival von 1975 war als Kulturveranstaltung ein großer Erfolg. Mehr als zweitausend Kanak zeigten fünfzigtausend Zuschauern Tänze und Traditionen, Handwerkskunst und Zeremonien. Eine große Fortbildungsmaßnahme sowohl für die weißen Siedler als auch für die Kanak selbst, die den Reichtum ihrer Kultur erstmals in einer stammesübergreifenden Gesamtschau dargestellt sahen. Politisch bewegte das Festival jedoch wenig. Im Gegenteil, 1984 verabschiedete die französische Nationalversammlung ein Statut für Neukaledonien, das den quasikolonialen Status des Überseegebiets festschrieb.

Verschiedene politische Gruppen der Kanak schlossen sich zur linksradikalen Befreiungsfront FLNKS zusammen, der Front de Libération Nationale Kanak et Socialiste. Sie bildete am 1. Dezember 1984 eine provisorische Gegenregierung mit Tjibaou als Präsidenten. Die Franzosen sahen sich mit offenem Aufstand konfrontiert. Im zwanzigtausend Kilometer entfernten Paris spielte man den Ernst der Lage herunter, sprach etwas verschämt von »événements« – Ereignissen. Doch an

Ort und Stelle reagierte der Staat kompromisslos gegen die Aufständischen, zum Teil mit Terror. Nur wenige Tage später, am 5. Dezember 1984, wurde ein Attentat auf die Familie von Jean-Marie Tjibaou verübt, bei dem zehn Menschen ums Leben kamen. Nur Tjibaou selbst nicht. Er hatte Glück, er war entgegen seiner ursprünglichen Pläne an dem Tag nicht zu Hause.

Ende der achtziger Jahre spitzte sich die Lage weiter zu. Die Unabhängigkeitsbewegung sprengte aus Protest Nickelminen in die Luft, organisierte Streiks und Straßensperren. Frankreich seinerseits verhängte Ausgangsverbote, entsandte immer größere Truppenkontingente und förderte zugleich die Einwanderung neuer Siedler nach Neukaledonien, was zu einer Veränderung der Bevölkerungsstruktur führte. Die Kanak gerieten in ihrem eigenen Land in die Minderheit.

Im April 1988, kurz vor den französischen Präsidentschafts- und Regionalwahlen, griffen auf der östlich von Grande Terre gelegenen Insel Ouvéa vierzig Separatisten eine Gendarmen-Patrouille an und besetzten das Wachgebäude, um darauf die Fahne eines freien »Kanaky« zu hissen. Die Protestaktion geriet außer Kontrolle. Zwei Polizisten wurden mit Äxten und Haumessern getötet, die übrige Besatzung des Postens, siebenundzwanzig Mann, wurde als Geiseln genommen und in die Höhle von Gossanah im Norden Ouvéas verschleppt. Als Verhandlungen keine Lösung brachten, stürmten nach zwei Wochen Fallschirmjäger im Morgengrauen die Höhle, zwei Franzosen und neunzehn Kanak kamen ums Leben.

Dass es so nicht weitergehen konnte, sahen nach dem Drama von Ouvéa beide Seiten ein, Franzosen und Separatisten. Jean-Marie Tjibaou gehörte zu einer Delegation, die zu Verhandlungen nach Paris reiste. Das Ergebnis war der Vertrag von Matignon, der die politische Selbstverwaltung des Pazifikarchipels neu ordnete und den Ureinwohnern größere Autonomie einräumte. Dieser Vertrag von 1988 enthielt auch schon die Idee eines Kulturzentrums für die Kanak auf Kosten Frankreichs, gedacht als Fortsetzung von »Melanesien 2000«.

Aber es kehrte keine Ruhe ein. Ein Teil der Separatisten lehnte den Vertrag von Matignon ab, weil sie darin den französischen Einfluss gefestigt sahen und das versprochene Referendum über eine Unabhängigkeit des Territoriums zurückgestellt wurde. Die Abstimmung hat bis heute nicht stattgefunden. In einer Nachfolgeregelung, dem Vertrag von Nouméa von 1998, wurde sie nochmals verschoben, auf die Zeit nach 2014. Je näher dieser Termin nun rückt, desto heftiger gerät der Streit darüber, wer daran überhaupt teilnehmen darf, vor allem, ob auch die zuletzt eingewanderten Siedler stimmberechtigt sein werden. Sie gelten in ihrer großen Mehrheit als Gegner der Unabhängigkeit und könnten in der Abstimmung den Ausschlag geben.

Ein Jahr nach dem Geiseldrama, am 4. Mai

1989, reiste die Führungsspitze der Befreiungsfront zum Jahresgedächtnis nach Ouvéa. Der Besuch sollte das Ende der Trauerzeit signalisieren und für Frieden sorgen. Doch als die Gäste den kleinen Friedhof der Insel betraten, wo auch die getöteten Separatisten lagen, eröffnete ein junger Kanak das Feuer. Er fühlte sich von der FLNKS verraten. Jean-Marie Tjibaou und sein Stellvertreter wurden tödlich getroffen.

An diese blutige Vorgeschichte erinnert heute das Kulturzentrum, das Tjibaous Namen trägt und 1998 nach dreijähriger Bauzeit von Frankreichs Premierminister Lionel Jospin eröffnet wurde. Man sieht dem Gebäude des italienischen Stararchitekten Renzo Piano die dramatischen Ereignisse nicht an. Es ist kein Mahnmal geworden, sondern ein ansehnlicher, hochästhetischer Zierbau direkt am Meer. Die Hamburger Wochenzeitung *Die Zeit* zählte es vor ein paar Jahren neben dem Guggenheim-Museum in New York und der Berliner Philharmonie sogar zu den »sieben Weltwundern« der modernen Architektur.

Renzo Piano, der auch das Centre Pompidou in Paris und am Potsdamer Platz in Berlin baute, ist ein Geniestreich gelungen, der im Südpazifik seinesgleichen sucht. Beraten von Vertretern der Kanak, darunter Tjibaous Witwe Marie-Claude, hat er zehn überdimensionale, halb offene Rundhütten aus Stahl und afrikanischem Hartholz entworfen, die sich zu drei »Dörfern« fügen.

Außer einer Bibliothek und Konferenzräumen ist ein Museumskomplex untergebracht, der sich nicht nur der Kunst Neukaledoniens, sondern des ganzen pazifischen Raums widmet. Eine Abteilung zeigt traditionelle Holzskulpturen und Masken, andere moderne Gemälde, Skulpturen und Objekte aus Melanesien, Mikronesien, Polynesien, Australien und Neuseeland.

Die wechselnden Höhen und offenen Flanken der stilisierten Hütten wirken unfertig und wie natürlich gewachsen. Das passt nicht nur in die wuchernde Umgebung voller Pinien, Eukalyptus und Mangrovenbäume, es entspricht auch Tjibaous Auffassung, dass die Kultur der Kanak stets im Werden begriffen ist. Der Blick rückwärts, auf uralte Traditionen und Mythen gerichtet, war nicht seine Sache: »Unsere Suche ist der Zukunft zugewandt«, formulierte es der ehemalige Priester, »unsere Identität liegt vor uns.«

Die präzise Durchdachtheit und elegante Ästhetik des Unfertigen sind allerdings auch klarer Ausdruck einer westlichen Moderne, gegen deren koloniale Geschichte sich die Bewegung der Kanak gerade wehrte. Das Gebäude ist das Werk eines kosmopolitischen Künstlers, die Hommage eines Fremden. Wird es von der einheimischen Bevölkerung angenommen? Vermutlich ist es Zufall, dass bei unserem Besuch ausschließlich ausländische Touristen in den lichten Ausstellungsräumen unterwegs waren: ein Paar aus Frankreich, eine kleine Reisegruppe aus Australien, zwei, drei

Japaner. Einheimische treffen wir hingegen erst draußen, vor dem Gebäude. Zwei Schulklassen aus Nouméa lassen sich von einer Laienspielgruppe mit traditioneller Körperbemalung auf dem Lehrpfad des Zentrums, dem »Chemin Kanak«, in die Philosophie ihrer Vorfahren einweisen: Die fünf Stufen des Lebens von der Geburt über Initiation und Leben in der Gemeinschaft bis zu Tod und Wiedergeburt werden in verschieden gestalteten Gärten dargestellt.

Marie-Claude Tjibaou wertet die moderne Prägnanz des Gebäudes als Vorteil: »Menschen rund um die Welt interessieren sich für diese bemerkenswerte Architektur.« Dann fragen diese Menschen auch, so hofft die Witwe, was die Rundhütten zu bedeuten haben und welcher Mann und welche Geschichte hinter dem Bau stecken. Andere Kanak empfinden das Zentrum jedoch in der Tat als Fremdkörper und als Denkmal für Tjibaou – trotz des Festivals von 1975 – am falschen Ort: »Warum hat man es in Nouméa gebaut, statt im Norden von Grande Terre, wo Tjibaou zu Hause war?«, fragt etwa ein Bediensteter des Fremdenverkehrsbüros von Hienghène nicht ganz uneigennützig. Sein Argument ist trotzdem nachvollziehbar: In die französisch geprägte Inselhauptstadt kämen ohnehin die meisten Touristen. »Es wäre schön, wenn wir auch im Norden, wo die Kanak mehrheitlich wohnen, eine Attraktion von Weltruf hätten.«

Und die Jungfrau schaut still zu

Auf Lifou scheint die Welt noch in Ordnung: Die isolierte Insel ist ein Hort melanesischer Kultur

Vielleicht liegt es an den schroffen Steilküsten, die die Insel beschützen, dass Lifou ein Bollwerk melanesischer Kultur geblieben ist, in dem die westliche Moderne kontrolliert existieren, aber nicht überhandnehmen darf. Lifou gehört zu den Îles Loyauté, einer isolierten Inselgruppe vor Neukaledonien. Sie ist flach, sitzt aber auf einem felsigen Sockel, der einige Meter aus dem Meer herausragt. Besonders eindrucksvoll rollen die Pazifikwellen im Süden bei Xodre auf die Küste zu, schäumen an den steilen Klippen meterhoch auf und fallen dann dramatisch in sich zusammen. Den schönsten Aussichtspunkt darf man sich mit der Jungfrau Maria teilen. Sie steht bei Easo am Rand einer leicht erhöhten Halbinsel auf der Spitze eines Glockenturms. Die Madonna schaut still und selbstvergessen hinaus auf den Pazifik, und der Fremde ist froh, hier nicht vollkommen allein mit sich und der gewaltigen Macht der Südsee zu sein.

Der Zugang zum Meer ist auf wenige Strände beschränkt, die dafür umso schöner sind. Denn sie bestehen aus feinstem weißen Sand, der in das Blau und Türkis einer Lagune übergeht. Palmenwälder, Palmenhaine und einzelne Palmen wachsen überall kreuz und quer entlang des Küstenstreifens. Nicht zu überbieten ist der Strand von Luengoni im Südosten der Insel: halbmondförmig, blendend weiß, dahinter ein Palmenhain, im Wasser zwei dekorative Inselchen. Wenn hier zwei oder drei Paddelboote unterwegs sein sollten, dann ist viel Betrieb; ansonsten trifft man vielleicht auf ein halbes Dutzend Melanesier, die im Schatten der Palmen nach Fischen Ausschau halten.

Das Landesinnere von Lifou ist noch einsamer und besteht vorwiegend aus Busch und Regenwald. Der Boden gehört ausnahmslos den kanakischen *tribus*, er darf weder verkauft noch verpachtet werden. Die zehntausend Einwohner von Lifou versuchen ihre melanesische Kultur zu bewahren, auch wenn sie sich manchen Errungenschaften der Gegenwart nicht verschließen. Symbol für eine höchst praktische Mischung aus Tradition und Moderne sind ihre Behausungen. Jede Familie besitzt eine der runden Hütten, die in Gemeinschaftsarbeit aus den Hölzern des Regenwalds, aus Stroh und Palmblättern errichtet werden und die als Schlafräume dienen. Gewohnt, gekocht und gegessen hingegen wird in schlichten Häusern aus Holz, Stein oder Wellblech, von denen jede Familie ebenfalls eines besitzt.

Das Innere dieser Häuser ist nach europäischen Maßstäben kahl und ungemütlich, aber wozu soll man vier Wände schmücken, wenn sie von einer tropischen Wunderwelt umgeben sind, die sich die Menschen in kühleren Breiten höchstens als Wandtapete oder Fotografie ins Wohnzimmer holen können? Zu den Gebäuden gehört fast immer ein gepflegter Garten aus Rasen, Blumen und Nutzpflanzen, und in einiger Entfernung besitzt jede Familie eine kleine Parzelle, wo der Regenwald gerodet ist und Yamswurzeln, Süßkartoffeln, Vanille und Avocados angebaut werden.

Der Tourismus ist auf Lifou bislang höchstens mit einem zögerlichen Blinzeln aus dem Schlaf erwacht. Die drei Hotels der Insel sind winzig, gehören der Provinzregierung und werden von Melanesiern verwaltet. Die beste und größte Anlage besteht gerade einmal aus dreißig Bungalows. Einen Hotelkasten am Strand wird es hier wohl so bald nicht geben. Lifou dürfte noch eine Weile ein rares tropisches Juwel bleiben, weil die Insel nicht nur weit entfernt liegt von den Metropolen dieser Welt, sondern weil es so aussieht, als ob die Einheimischen auch in absehbarer Zukunft sorgsam mit ihrem kostbaren Gut umgehen würden.

Nutze den Tag

Auf der Île des Pins gerät ein kurzer Besuch unverhofft zum mehrjährigen Aufenthalt

Als wir viel zu früh auf dem Flughafen Magenta eintrafen, hatte sich schon ein Dutzend Großfamilien in der Wartehalle verteilt. Vielleicht hatten sie hier sogar übernachtet. Männer und Frauen, Kinder und Großeltern in kurzen Hosen und bunten Kleidchen, mit Flipflops an den Füßen, hockten auf Stühlen und Bänken und warteten auf die Öffnung des Schalters für den Flug hinüber zur Île des Pins.

Wir gingen in die Cafeteria des Flughafens im ersten Stock. Die junge Frau hinter dem Tresen schreckte auf und verkaufte uns Cola und Kekse. Viel mehr gab das Catering nicht her. Anschließend ließ sie den Rollladen herunter. Tagessoll erfüllt. Wir setzten uns an einen wackeligen Tisch, über uns flatterte ein altersschwacher Ventilator. Wir warteten. Und warteten. Und warteten noch ein bisschen.

Irgendwann, nachdem wir eingedöst waren über einer Tageszeitung auf Französisch, weckte uns ein Rumoren im Erdgeschoss. Zwei Offizielle von Air Calédonie hatten entschieden, dass es nun an der Zeit sei, und traten an den Schalter mit dem Schild »Alle Richtungen«. Die Großfamilien sortierten sich und wuchteten riesige Kühltruhen zum Transport von frisch gefangenem Meeresgetier auf das Kofferband. Die Truhen wurden von den Schalterbeamten ohne weitere Prüfung und Diskussion mit Klebezetteln versehen und verladen, obwohl mindestens ein blinder Passagier in ihnen Platz gefunden hätte und auf unseren Tickets ausdrücklich das Gepäck auf maximal zwölf Kilo pro Person beschränkt war. Aber was bedeutete schon ein Stück Papier. Man kannte sich, Schalterbeamte und Passagiere. Es sind fast immer dieselben Familien, deren Angehörige zwischen Grande Terre und der Île des Pins hin- und herpendeln. Da ließ man die Vorschriften Vorschriften sein und schaute, wie viel Gepäck in den Laderaum der sonnengelb gestrichenen Turboprop-Maschine passte. Der Rest kam hinten in die Kabine.

Von der Großzügigkeit profitierten auch wir. Denn unsere Koffer, für zwei Wochen Rundreise gepackt, waren ebenfalls deutlich schwerer als das Limit (das hatten wir zwar mit deutscher Gründlichkeit bei der Buchung gemeldet, die Nachricht erreichte das Personal vor Ort jedoch nie). Mehr Kopfzerbrechen bereitete den Schalterbeamten ohnehin, dass sich unsere Vor- und Nachnamen auf den Tickets nicht unwesentlich vom Eintrag in den Reisepässen unterschieden. Ein überlasteter Angestellter im Reisebüro hatte sich gleich mehrfach vertippt. Egal, wird schon recht sein, entschieden die Schalterbeamten und baten uns, nun aber zum Flugzeug zu schreiten und auch keinen Umweg durch die Sicherheitsschleuse zu unternehmen, da das Röntgengerät kaputt sei. Wie lässig kann Fliegen sein, wenn man nur weit genug weg ist von der Sicherheitshysterie der Flugdrehkreuze in der westlichen Welt!

Die Lässigkeit setzte sich auf der Île des Pins fort. Unser Leihwagen, ein alter Rumäne, dessen Sitze offenbar kürzlich von einem tropischen Regenguss durchtränkt worden waren, wartete auf dem Parkplatz vor dem Flughafen. Türen offen, den Schlüssel entdeckten wir nach kurzem Suchen hinter der Sonnenblende. Wir waren nur zwanzig Flugminuten von Grande Terre entfernt und schienen doch auf einem anderen Planeten gelandet zu sein. Auf der Hauptinsel, in Nouméa, einer Hunderttausend-Einwohner-Stadt, wird europäischer Lebensstil gepflegt, mit Straßen voller Autos, Verkehrskreiseln und Rushhour. Mit Porschehändlern und Werbung für Nescafé. Mit Menschen, fast so elegant wie in Nizza, die abends in vornehmen Restaurants einkehren und morgens in aller Herrgottsfrühe an der Baie des Citrons entlangjoggen, um ihre Figur zu halten.

Auf der Île des Pins hingegen löst sich alle Hektik auf. Das Schritttempo verlangsamt sich, in unserem alten Rumänen fanden wir nie den vierten Gang und brauchten ihn auch nicht. Sogar das Französisch klingt anders, schleppender. Wir legten unsere Armbanduhren ab und holten sie erst am Abreisetag wieder aus dem Koffer.

Die Insel, vierzehn mal achtzehn Kilometer groß, befindet sich in einem Übergangsstadium. Einerseits ist sie wie die Schwesterinseln der Îles Loyauté im Norden geprägt vom Leben der melanesischen Ureinwohner. Andererseits hat sich bereits ein gut laufender Tourismus entwickelt, ohne sich nachteilig auf das traditionelle Gefüge auszuwirken. Man könnte in der Île des Pins in der Tat ein Zukunftsmodell für den gesamten Archipel von Neukaledonien sehen.

Um einen Überblick über die Insel zu bekommen, lohnt sich eine kurze Wanderung auf den zweihundertzweiundsechzig Meter hohen Pic Ngâ, die höchste Erhebung. Dort liegen einem dann die beiden schönsten Strände unmittelbar zu Füßen: Rücken an Rücken die Baie de Kuneméra und die Baie de Kuto. Zwei Buchten wie aus dem Bilderbuch der Südsee. Hunderte von Araukarien, uralte einheimische Pinien, recken ihre kerzengeraden Stämme in die Höhe. Sie veranlassten die europäischen Entdecker dazu, der Insel ihren heutigen Namen zu geben; die Einheimischen nennen sie jedoch nach wie vor Kunie. An manchen Küstenabschnitten stehen die Nadelbäume so dicht in einer einzigen Reihe nebeneinander, dass sie wie ein überdimensionaler Palisadenzaun wirken, der vor ungebetenen Eindringlingen schützen soll.

Dass die Insel Vorreiter im Tourismus wurde, hat mit einem Kuriosum zu tun. Puderzuckerstrände, beeindruckende Tauch- und Segelreviere gibt es schließlich auch anderswo. Seit Jahren kommen aber neben Franzosen vor allem japanische Gäste hierher. Der Grund ist ein populärer japanischer Kitschroman, der in den achtziger Jahren verfilmt wurde. In »Eine Insel nahe dem Himmel« sucht ein Mädchen aus Tokyo nach dem Tod ihres Vaters sein Glück auf der Île des Pins und verliebt sich in einen älteren Mann. Eine Art Rosamunde-Pilcher-Story für Asiaten. Seitdem ist die Tropeninsel zum Venedig der Südsee geworden. Japanische Hochzeitspaare mieten sich im einzigen Luxushotel ein, dem Le Meridien an der Baie d'Oro, und hoffen, dass sich auch bei ihnen ewiges Liebesglück einstellt. An der Rezeption liegen Standortkarten auf Japanisch aus, versehen mit Benimmhinweisen im Manga-Stil. Dass das Hotelrestaurant La Pirogue im Kerzenschein französische Spezialitäten wie Muscheln in Weißweinsoße und Kaninchen provençalischer Art serviert, wird von den japanischen Paaren als Bonus goutiert. Wer, wenn nicht die Franzosen, wüsste die Romantik noch kulinarisch zu steigern?

Trotzdem kann man nicht behaupten, die Île des Pins sei vollständig touristisch erschlossen und durchkommerzialisiert. Außer dem Le Meridien gibt es nur vier weitere Hotels, sie sind dezent in die Landschaft gesetzt und fallen kaum auf. Postkartenstände und Eisverkäufer sucht man vergebens, an den weiten Stränden trifft man kaum eine Menschenseele. Nur wenn Kreuzfahrtschiffe einen Zwischenstopp einlegen, wird es für einen halben Tag voll. Neben den Japanern zieht es in letzter Zeit auch Koreaner auf die Insel, seitdem Air Calédonie eine neue Flugverbindung von Seoul eingerichtet hat. Australier und Neuseeländer schätzen sie ebenfalls als vergleichsweise nahe gelegenes Urlaubsziel. Besucher aus dem deutschsprachigen Raum sucht man jedoch meist vergebens.

Einen immerhin fanden wir: Hans Beinert, ein Zahnarzt aus der Nähe von Karlsruhe. Er umsegelte mit Frau und zwei Kindern die Welt, bevor er auf der Île des Pins eine Pause einlegte und darüber auf inseltypische Weise die Zeit vergaß. Seit zweieinhalb Jahren lebt er jetzt schon hier. Aus Zufall, wie der schmale, freundliche Mann mit hellbraunem Wuschelkopf und runden Brillengläsern bei milden fünfundzwanzig Grad Außentemperatur auf der Terrasse des Hotels Ouré erzählt. Segelfreunde aus Neuseeland hätten ihm von der Insel berichtet, deswegen sei er überhaupt erst hergekommen. Ihre Schwärmereien waren nicht übertrieben. »Selten habe ich auf kleinem Raum eine so vielfältige Natur gesehen«, sagt er. »Man will wirklich nicht mehr weg.«

In einer der Bilderbuchbuchten ankert nun Beinerts kleine Jacht »Ophelia«. Auf ihr schläft die Familie. Morgens paddelt Beinert mit einem Dingi ans Ufer und arbeitet in einem kleinen Ärztehaus; nachmittags geht er segeln oder tauchen.

Die Insel ist immer noch fest in der Hand

der Einheimischen. Acht Stämme teilen sich den Grundbesitz, alle Hotels stehen auf nur gepachtetem Boden. Auch Hans Beinert musste sich bei einem Stammeshäuptling vorstellen. Als Gastgeschenk brachte er ein Stück Tuch und eine Flasche Wein mit. »Was können Sie denn?«, fragte der Häuptling. »Zähne ziehen«, antwortete Beinert. Der Häuptling nickte.

Freundschaften zwischen Einheimischen und Zugereisten sind selten, »man hält Distanz«, sagt Beinert. Seitdem seine älteste Tochter mit den anderen Kindern in die Inselschule geht, sei der Umgang miteinander etwas lockerer geworden. »Wir werden inzwischen als normale Familie und nicht mehr als Touristen betrachtet und ab und zu sogar auf eine Hochzeit oder einen Geburtstag eingeladen.«

Sein größter Gewinn, seitdem er auf der Île des Pins lebt? »Ich habe gelernt, wie die Einheimischen im Hier und Jetzt zu denken und jeden Tag zu genießen.« Carpe diem! Ein zweitausend Jahre alter lateinischer Rat, der für einen Zahnarzt aus Karlsruhe erst am anderen Ende der Welt begreiflich wurde.

Der Nautilus

Langsam schwebend durch die Tiefen des Meeres: Eine Widmung an ein vierzig Millionen Jahre altes Rätsel

Wie es sich für echte Kostbarkeiten gehört, ist das Objekt der Bewunderung klein. Im Vergleich zur gewaltigen Welt, durch die es sich in Freiheit bewegt, nachgerade winzig. Und auch die Zurschaustellung des schneckenförmigen Nautilus erinnert an die sündhaft teuren Kronjuwelen im Tower von London: Ein halbes Dutzend nicht einmal handtellergroße Exemplare schwebt behutsam ausgeleuchtet in frei stehenden runden Glasbehältern im dunklen Zentrum des Aquariums von Neukaledonien. Die obskure Inszenierung entspricht den Lebensumständen des Kopffüßlers in der Finsternis der Tiefsee, der Steigerung der Spannung hilft sie ebenfalls.

Das Aquarium des Lagons in der Inselhauptstadt Nouméa war in den sechziger Jahren des vergangenen Jahrhunderts das erste, das einen lebendigen Nautilus macromphalus aus der Familie der Perlboote zeigen konnte. Es handelt sich um ein »lebendes Fossil« wie Lungenfisch oder Quastenflosser. Sein Bauplan hat sich seit mindestens vierzig Millionen Jahren kaum verändert.

Die optisch reizvolle braunweiße Kalkschale besitzt die Form einer perfekten logarithmischen

Spirale, deren Länge und Breite im gleichen Verhältnis anwachsen. Anders als bei Schnecken besteht das Gehäuse aus mehreren Kammern. Das Tier selbst bewohnt nur die äußerste, die jeweils jüngste und größte. Die anderen Kammern dienen wie bei einem U-Boot dem Auftrieb. Enthalten die Kammern weniger Gas, sinkt das Tier, enthalten sie mehr, steigt es auf.

Auch versierte Taucher haben nur selten Gelegenheit, einem Nautilus in freier Natur zu begegnen. Er lebt in vier- bis sechshundert Metern Tiefe an den Steilhängen der Korallenriffe des Westpazifiks. Nur in der Nacht steigt er hinauf, auf der Suche nach Nahrung. Er bevorzugt kleine Krebse, die er mit seinen winzigen Fangarmen zu sich heranzieht und im schnabelförmigen Mund zerbricht.

Je länger man die schwebenden Wesen betrachtet, desto schöner und seltsamer wirken sie. Sie bewegen sich langsam wippend durchs Wasser, wie in tiefe Kontemplation versunken. Die beiden runden, nur rudimentär ausgebildeten Augen lugen starr an den Unterseiten der Schale hervor. Das unterschiedlich gestreifte Gehäuse ist eine changierende Tarnung in der Tiefsee, von oben betrachtet dunkel wie der Meeresboden, von unten gesehen hell wie die Wasseroberfläche. Die Schale war schon im 16. Jahrhundert begehrt unter Sammlern, Schmuckfabrikanten und Zeichenkünstlern. Der amerikanische Dichter Oliver Wendell Holmes widmete dem Nautilus sogar ein Gedicht.

Auf seinen Namen trifft man in fabelhaften Geschichten. Jules Verne taufte so das stählerne Unterseeboot von Kapitän Nemo in seinem 1870 erschienenen Roman »20.000 Meilen unter dem Meer«. Die Unterwasserjagden des irren Seemanns nahmen passenderweise ihren Ausgang in einer von Meeresungeheuern und Korallenwäldern bevölkerten Südsee. Weniger fantastisch gestimmt nannte die US-Marine ihr erstes U-Boot mit Atomantrieb »Nautilus«, aber auch dieses Schiff ging auf Abenteuerfahrt und tauchte unter dem Eis hinweg zum Nordpol. Sogar eines der ersten Unterseeboote überhaupt, das Druckluftschiff des britischen Ingenieurs Robert Fulton von 1801, hieß schon »Nautilus«. Es besaß eine Handkurbel für den Schraubenantrieb und konnte drei Personen befördern. Sein Tempo war fast so gemächlich wie das des echten Nautilus und die Konstruktion noch so unausgegoren, dass Fulton keine zahlungskräftigen Abnchmer fand. Sein U-Boot versank in Vergessenheit.

Ohnehin reichten die von Menschenhand geschaffenen Kopien nie an die Perfektion des Originals heran. In keiner Spezies bündeln sich in der Tat die Anmut und Zerbrechlichkeit ihrer Lebenswelt auf so vollendete Weise wie in dem Millionen Jahre alten Schalentier. Der Nautilus ist das schönste Symbol der Südsee.

In Teufels Küche

Auf Fergusson Island bringen Geister und Geysire die Natur zum Kochen

Rauchzeichen im Regenwald kündigen unser Kommen an? Weit gefehlt, so wichtig sind wir dann doch nicht. Auf Fergusson Island vor der Küste von Neuguinea ist es der vulkanisch brodelnde Untergrund, der den weithin sichtbaren Dampf in die Luft drückt. Unter glühender Sonne marschieren wir durch den Dschungel und sind uns sicher, dass es heißer kaum noch werden kann. Doch plötzlich, am Rande einer Lichtung, strömt uns auch noch ein feuchtheißer Schwall entgegen. Jetzt kommt die Hitze nicht nur von oben, sondern auch von der Seite und von unten. Das vor uns liegende Lavafeld von Lei Lei, weiß und schweflig gelb gefärbt, hat kleine und große Löcher, Tümpel und Bäche, aus denen der Dampf herauszischt oder in denen es brodelt und blubbert. Der Boden kocht und braut einen infernalischen Cocktail der Elemente zusammen.

Der Gang durch das Lavafeld ist für Ortsunkundige gefährlich, Zäune oder Warnschilder gibt es nicht. Dafür begleiten uns Jennifer und Nerida, zwei einheimische Frauen. Sie wachen über jeden unserer Schritte, und nebenbei erzählen sie, dass sie in einem warmen Bach ihre

Wäsche waschen, in einem anderen baden, und die ganz heißen Wasserlöcher benutzen sie zum Kochen. Sie haben auch gleich das Mittagessen mitgebracht, das sie, verpackt in Bananenblätter, in eines der Löcher versenken. Nach wenigen Minuten ist es gar. Der tropische Kochtopf im Erdboden animiert die beiden zu einem Schauermärchen von den Kannibalen, die hier vor gar nicht allzu langer Zeit noch ihre Opfer in der Hitze der Natur gegart haben sollen. Ob solche Geschichten wahr sind oder den europäischen Gästen aufgetischt werden, weil sie so etwas in dieser Weltgegend erwarten, können wir nicht nachprüfen.

Jedenfalls wissen die beiden Frauen mit uns Fremden umzugehen. Sie sind an Neugierige gewöhnt, allerdings in der Regel keine weißhäutigen Menschen, sondern Besucher von den Nachbarinseln oder vom Festland Neuguineas, die hin und wieder für ein gruseliges Vulkanerlebnis herüberpaddeln und dafür einen Obolus entrichten müssen. Eine Schau ist dabei inklusive: Jennifer und Nerida stimmen ein magisches Gebrüll an, um Sunsulina, einen vulkanischen Geist, der tief unten im Lavaloch haust, dazu zu bringen, eine Wasserfontäne in die Höhe zu spritzen. Bis zu zwanzig Meter hoch soll er sie pusten, und es klappt tatsächlich. Wir gehen rasch weiter, bevor wir unsere europäisch desillusionierende Sicht bestätigen können, dass es sich nicht um Geisterwerk handelt, sondern um einen ganz normalen Geysir, der regelmäßig alle paar Minuten ausbricht. Papua Neuguinea, das lernen wir schnell, muss man in seinem eigenen Licht betrachten.

Vierhundert Euro für eine gute Frau

Der Alltag in Papua Neuguinea bleibt dem Reisenden bis heute fremd. Zehn Beispiele

1.

Kannibalen und Kopfjäger gehören der Vergangenheit an. Aber stundenlang könnte man erzählen von merkwürdigen melanesischen Sitten, manchmal vermischt mit europäischen Bräuchen, die sich in Papua Neuguinea erhalten haben. Schweine, zum Beispiel, gelten als Statussymbol Nummer eins, und in vielen Dörfern führen die Männer stolz ihre besten Schweine am Halsband spazieren. Stammesfehden im Hochland enden mit einem gemeinsamen Fest, bei dem Hunderte von Schweinen in einem riesigen Erdofen, bedeckt mit heißen Steinen und Bananenblättern, gegart werden. Zwischen den ernsthaften Kämpfen vertreibt man sich die Zeit mit einem Wurfpfeilspiel, das vom britischen Dartsport abgeleitet sein mag, wegen der großen Entfernung zur Zielscheibe aber mehr an Speerwerfen erinnert.

Beim Mendi-Clan im Süden des Landes reiben sich frisch verheiratete Frauen mit einem schwarzen Pflanzenöl ein, das den Ehemann nach der Hochzeit einen Monat lang von körperlichem Kontakt abschrecken soll. In manchen Teilen des Hochlands misstrauen die Männer den Frauen, die angeblich Krankheiten verbreiten, so grundsätzlich, dass die mutigen Krieger ein Leben lang in eigenen Männerhäusern wohnen. Die »Mud Men« von Asaro wiederum schmieren sich traditionell mit Schlamm ein, bevor sie in den Kampf ziehen, und führen ihren gespenstisch-kriegerischen Auftritt heute für gutes Geld den Touristen vor. Auf den Trobriand Islands spielen barbusige einheimische Mädchen in kurzen Baströckchen englisches Cricket, das dort von Missionaren eingeführt wurde, um die Menschen von Stammeskämpfen abzuhalten. Wo immer man hinkommt in diesem Land, man ist auf Schritt und Tritt mit kulturellen Kapriolen konfrontiert.

2.

Der Reiseführer hatte uns gewarnt: Irgendwann, so hieß es darin, platzen in Papua Neuguinea auch die besten Pläne. Dass es aber gleich zu Beginn passieren sollte und damit unsere komplette Reise von Anfang an in Frage stellte, hatten wir nicht einkalkuliert. Der gebuchte Weiterflug mit Air Niugini von der Hauptstadt Port Moresby nach Rabaul war gestrichen. Gründe gab es offiziell keine, aber hinter vorgehaltener Hand hieß es: »No aircraft«, kein Fluggerät. Dafür bekamen wir Bordkarten für den Vormittagsflug am nächsten Tag. Der wurde allerdings ebenfalls kurzfristig gestrichen. Erklärungen wollte die Dame am Check-in nicht abgeben, aber das Gerücht besagte diesmal: »No pilot.« Der Ansturm auf die wenigen freien Plätze für den folgenden Flug setzte sofort ein; aber weil die einheimischen Konkurrenten offenbar unter keinerlei Zeitdruck standen und ihren Heimvorteil nicht ausnutzten, bekamen wir zum dritten Mal unsere Bordkarten. Und diesmal, kaum vierundzwanzig Stunden später, hoben wir tatsächlich ab. Der Flug galt unter den Einheimischen damit durchaus als pünktlich. Air Niugini fliegt »on South Pacific time«, was bedeutet, dass man die Abreisezeit nur recht ungefähr dem Flugplan entnehmen kann. Damit lebt hier jeder ganz selbstverständlich, Fremde müssen sich erst daran gewöhnen.

3.

Noch ein Plan, der gründlich schiefging: Ein gewisser Christopher Robinson, »ein aufrechter Richter«, wie es auf seinem Grabstein in Samarai heißt, versuchte zu Beginn des vorigen Jahrhunderts, Papua Neuguinea in ein »Land für den weißen Mann« zu verwandeln. Dreißig Jahre später schien das Projekt vorangekommen zu sein, zumindest auf der Insel Samarai, damals eine günstig gelegene Zwischenstation auf der Handelsroute zwischen Australien und China. Auf alten Fotos erkennt man eine Stadt mit rechtwinklig ausgelegten Straßen, vornehmen Kolonialhäusern und einem veritablen Schiffsanleger.

Heute ist Samarai ein trauriger Ort. Der Welthandel hat die Insel links liegen gelassen. In den Straßen wächst das Gras, die Farbe von den Holzhäusern ist abgeblättert, die Fenster mit Brettern vernagelt. Der einst stolze Pier fault vor sich hin. In der anglikanischen Kirche tropft der Regen durchs Dach, und während des Monsuns fließen kleine Bäche an den Bänken der wenigen Gläubigen vorbei. Die beiden Buntglasfenster sind beschädigt, der Engel hat ein Loch im Gewand. Ein halbes Dutzend Bibeln und Gesangbücher liegen noch aus, doch sind ihre Seiten von Schimmel und Termiten angefressen.

Zwar steht das Städtchen offiziell unter Denkmalschutz, aber niemand hat hier Geld übrig für seine Erhaltung. Einzig und allein der meterhohe Grabstein von Mister Robinson steht aufrecht und unantastbar mitten auf einer Straßenkreuzung und zeugt von den einst hochtrabenden Absichten der europäischen Mächte. Der Mann, den wir im Büro der Stadtverwaltung treffen, zuckt fatalistisch mit den Achseln: »Das geht hier alles sowieso unter.« Bis dahin findet man in Samarai zumindest noch den morbiden Charme der verblassten Kolonialzeit.

4.

Samson Kakai kennt sich gut aus auch mit deutscher Kolonialgeschichte. Jedenfalls soweit sie sich in Papua Neuguinea abgespielt hat. Er lebt in Kokopo, das ehedem Herbertshöhe hieß, als das Deutsche Kaiserreich im späten 19. Jahrhundert mit den Engländern gleichziehen wollte, sich im Pazifik ausbreitete und im östlichen Neuguinea das Kaiser-Wilhelms-Land ausrief. Samson führt Touristen über den deutschen Friedhof, wo zu Beginn des 20. Jahrhunderts unter tropischer Sonne drei Dutzend Menschen ihre letzte Ruhe fanden. Einige Pflanzer, ein paar Besatzungsmitglieder von Schiffen der Kaiserlichen Marine und mehrere »unbekannte Deutsche«.

Samson hat auch die deutsche Abteilung im Heimatmuseum von Kokopo zusammengestellt. Viel zu sehen gibt es freilich nicht, außer einigen Dokumenten der »Neu Guinea Compagnie zu Berlin« und Fotos aus der Zeit von 1884 bis 1914, in der die Deutschen rund um Herbertshöhe Kokosnuss- und Kopraplantagen aufbauten. Die Bildunterschriften unter den verblassten Fotografien sind in deutscher Sprache verfasst: »Auf dem Tennisplatz«, heißt es da, »Kaserne für farbige Polizeisoldaten«, oder »Dr. Wilhelm Wendland vor dem Hotel Fürst Bismarck«. Die skurril anmutende Dokumentation einer kurzlebigen Kolonialgeschichte.

Samson, der junge, gebildete Papua, gibt tagsüber sein historisches Wissen an Touristen weiter und diskutiert mit ihnen die Probleme der Welt. Abends aber kehrt er zurück in sein Dorf, lebt das traditionelle Leben und befolgt die Regeln seines Tolai-Clans. Kaum zu Hause, wechselt er sein hellblaues Hemd und seine gebügelte Hose gegen einen Lendenschurz. Seine Frau hat er, wie Generationen vor ihm, mit Muschelgeld gekauft. Es ist die einzige Möglichkeit, die Eltern der Braut für sich zu gewinnen. Das Muschelgeld existiert beim Clan weiterhin neben den *Kinas*, der offiziellen Landeswährung. Während der Verlobungszeit hatte Samson bereits eine Anzahlung hinterlegen müssen. Wie viel die Braut ihm wert war, will er nicht verraten, er ist ein diskreter Mann. Aber für eine gute Frau, so viel sagt er, müsse man wohl schon tausendfünfhundert *Kina* in Muschelwährung hinlegen, umgerechnet etwa vierhundert Euro.

5.

Die Masken sind furchterregend. Rundum hängen sie an den Wänden des kleinen Restaurants auf der Insel New Britain und glotzen auf die Gäste herab: grobe menschliche Gesichter mit wildem Gesichtsausdruck, bösem Blick, übergroßen Augen, hervorstehenden Nasen, abstehenden Ohren und heraushängenden Zungen in Form eines Krokodils, bunt bemalt oder in düsteren Braun- oder Schwarztönen. Die Masken, noch bis vor Kurzem getragen bei Stammesfehden, stehen in merkwürdigem Kontrast zur stillen, freundlichen Art der Menschen, die hier verkehren. Die Kellnerinnen umsorgen den Gast mit einem selbstverständlichen Lächeln. An einem Tisch wird verhandelt, ganz ruhig, daneben wird gefeiert, ebenfalls ganz ruhig, und nicht einmal am Mobiltelefon wird die Stimme erhoben. Blutrünstige Naturburschen noch vor zwei, drei Generationen? Kaum vorstellbar.

6.
Man kommt nicht einfach so nach Watam. Man meldet sich an. Das geht nur mit Hilfe von jemandem, der jemanden kennt, der wiederum jemanden im Dorf kennt. Einmal dort, kann man lernen, wie man Gäste auf gesittete Weise empfängt; früher wie heute. Am Strand wartet bereits das Begrüßungskomitee: ein Kanu mit einem Dutzend Männern und Frauen, geschmückt mit Federn und bunten Bändern. Sie schwingen Palmwedel, trommeln und singen fröhliche Lieder. Am Ufer gelandet, erhält jeder Gast ein rotes Mal auf die Wange, eine Art Ausweis für die Dauer des Besuchs. Dann paradieren die Einheimischen mit ihren Gästen zwischen den Häusern entlang. Das ganze Dorf ist versammelt. Zehn Männer kriechen unter eine Art Schlange aus Palmblättern und Früchten und begleiten die Prozession mit einem wilden Tanz. Frauen schlagen Kokosnüsse auf und schütten die trübe Milch übermütig über den Tänzern aus.

Auf dem Schulhof wird die Flagge von Papua Neuguinea gehisst. Chief Jimmy, der wichtigste Mann im Clan, dirigiert höchstpersönlich den Schülerchor, der die Nationalhymne singt. Auch in diesem entlegenen Dorf an der Mündung des Sepik River, umgeben von Sümpfen und Mangroven, nur zugänglich vom Meer aus, ist man stolz auf die Unabhängigkeit des Landes. Anschließend gibt sich Chief Jimmy jovial, spricht mit jedem seiner Gäste ein paar Worte, und wer sich traut, mit ihm zusammen *Buai*, Betelnüsse, zu kauen (auch auf die Gefahr hin, dass dabei der rote Saft aus dem Mund auf die Hose tropft), der hat beim Häuptling für alle Zeit, mindestens aber für die Dauer des Besuchs, einen Stein im Brett.

Auf die Idee, nach dem Internet zu fragen, wären wir hier als Letztes gekommen. Aber der Chief und sein Dorf sind nicht von gestern. Einen Anschluss gibt es in Watam natürlich nicht, elektrischer Strom ist auch nicht vorhanden, aber in Madang, der nächstgelegenen Stadt, gibt es jemanden, der einen Internetzugang hat. Schreibt man dorthin eine Mail, wird die Nachricht umgehend per Trommel durch den Busch weitergeleitet. Das ist kein Witz, sondern eine zeitgemäße Nutzung der traditionellen *Garamut*-Trommeln, ausgehöhlte Baumstämme, die weithin zu hören sind und mit denen man in der Umgebung des Dorfes jeden herbeirufen kann. Jeder Erwachsene und jedes Kind hat sein eigenes akustisches Zeichen. Besucher brauchen das nicht, sie stehen sowieso ununterbrochen unter freundlicher Beobachtung ihrer Gastgeber.

7.

Madang hat in den vergangenen hundert Jahren besonders intensive Erfahrung mit den Kolonialmächten gemacht. Erst kamen die Deutschen, die zu Beginn des Ersten Weltkriegs schnell wieder verschwinden mussten, dann die Japaner, die während des Zweiten Weltkriegs ein blutiges Intermezzo inszenierten, schließlich die Australier, die im Auftrag von Völkerbund und Vereinten Nationen in Papua Neuguinea für westliche Vorstellungen von Ordnung sorgen sollten. Viel ist davon nicht mehr übrig. Der deutsche Friedhof ist verwildert hinter einem mächtigen Zaun ohne Tür, und in der Umgebung der Stadt sollen noch jede Menge Schiffs- und Flugzeugwracks herumliegen.

Gleich am Hafen kehren wir ein in den Madang Club – »one of the Pacific's premier clubs«. In Wahrheit ist er ein verkommenes tropisches Etablissement. Über der Veranda drehen sich die Ventilatoren, aus dem Lautsprecher kommt einheimische Popmusik, eine Art Papua-Calypso. Die Gentlemen mit den Shorts und weißen Kniestrümpfen sind nicht mehr hier; nur zwei Billardtische aus alten Zeiten stehen noch verloren mitten im Raum. Verflossener Kolonialismus. Somerset Maugham lässt grüßen. Wir vertrödeln den tropischen Nachmittag auf wackligen Barhockern, das Bier, »South Pacific Lager«, auf dem Geländer der Veranda abgestellt, und schauen den Auslegerkanus zu, die den kleinen Hafen verlassen, voll beladen mit den Waren des Wochenmarkts.

Unterdessen beklagen sich die Gäste am Nachbartisch, offenbar die letzten Repräsentanten einer vergangenen Epoche, dass nichts mehr so sei wie früher. Als außenstehende Beobachter können wir der Situation, so wie sie ist, allerdings viel abgewinnen. Madang erweist sich als eine freundliche und aufgeräumte Hafenstadt, wie man sie in dieser Weltgegend nicht häufig findet, und nennt sich deshalb nicht zu Unrecht (wenn auch mit kleinem Rechtschreibfehler) »prittiest town in the South Pacific«. Dass das alles nur deshalb noch so sei, weil die Australier hier immerhin bis 1975 das Sagen hatten, ist schwer vorstellbar, aber in Madang eine gängige postkoloniale Mär.

8.

Inseln wie Tami gelten unter Urlaubern gemeinhin als paradiesisch: vier palmenbestandene Eilande mit Korallenriff und weißem Sandstrand, gruppiert um eine fischreiche Lagune, sauberes Wasser und tropisches Klima. Dieses winzige Stück vom Garten Eden, irgendwo im Golf von Huon und höchstens auf detaillierten Seekarten verzeichnet, ist allerdings in keinem Prospekt zu finden. Die Einheimischen haben es für sich, und sie wollen, dass es so bleibt. Kokosnüsse und Bananen ernten, Fische fangen, Holzschüsseln und Holzlöffel schnitzen und damit gelegentlich auf dem Festland ein paar Tauschgeschäfte erledigen, das ist alles. Ansonsten haben sie Zeit, sich ihrem Gärtchen zu widmen, mal wieder ein neues Boot zu bauen, ihre aufgeräumte Insel noch mehr in Ordnung zu bringen oder mit den Kindern im schmucken Auslegerkanu ziellos durch die Lagune zu paddeln. Und dann haben sie immer noch Zeit, viel Zeit.

Früher, wird erzählt, kamen regelmäßig Invasoren vom Festland oder von anderen Inseln. Aggressive Nachbarn, die zu Beutezügen herüberpaddelten. Deshalb legten sich die Tami-Clans abschreckende Masken aus Kokosnussschalen und raschelnde Kostüme aus den Blättern der Sagopalme zu, aber das half nicht immer. Doch hat die Zeiten dieser Kämpfe keiner der Einwohner selbst mehr erlebt, sie liegen mehr als hundert Jahre zurück.

Heute tragen sie die Kriegskostüme nur noch zu freundlichen Anlässen wie zur Begrüßung der Schiffe, die hier zwei- oder dreimal pro Jahr vor Anker gehen. Und weil ihnen der traditionelle Kriegstanz so viel Spaß macht, aber nicht jeder daran teilnehmen kann, haben sie neuerdings eine zweite Gruppe gegründet und einen bis dahin unbekannten Tanz mit neuen Kostümen und neuer Musik choreografiert. Verwurzelt in ihrer Kultur und aufgeschlossen zugleich sind sie, die Tami, und Zeit zum Üben haben sie genug.

9.

Die sechs Dörfer auf Cape Nelson sind ganz auf Tourismus eingestellt. Aber weil sich die Zahl der Besucher in Grenzen hält, nur hin und wieder einige Taucher oder Hochseefischer auf der Halbinsel landen, müssen die geringen Erlöse gerecht geteilt werden. Jedes Dorf hat seinen Strand und beansprucht einen Abschnitt der Küstengewässer, und so hat man sich auf ein Rotationsprinzip geeinigt. Die Gemeinden kommen abwechselnd an die Reihe, und das verdiente Geld wandert in eine gemeinsame Kasse. In vertrauensvoller Harmonie lebt man deshalb noch lange nicht: Holt ein Dorf seinen Anteil ab, dann müssen mindestens drei Personen beteiligt sein, und es wird zum Beweis ein Foto gemacht. Die Geldscheine werden deutlich sichtbar vor die Kamera gehalten – und klick. Der Umgang mit traditionellem Gemeindeeigentum in Zeiten digitalisierter Technik.

10.

Das Auswärtige Amt in Berlin warnt vor Reisen nach Papua Neuguinea. Das bedarf einer Erklärung. In den Städten Lae und Port Moresby treiben tatsächlich die *raskols*, kriminelle Banden, ihr tägliches Unwesen. Legendär ist ein Banküberfall in der Hauptstadt, bei dem die Gangster zunächst den einzigen Polizeihubschrauber außer Gefecht setzten, bevor sie selbst mit einem anderen gekaperten Helikopter auf dem Dach der Bank landeten. Weil ihr Plan verraten wurde, wartete bereits die Polizei, und der Coup endete in einem Blutbad.

Eskaliert sind inzwischen auch die Stammeskämpfe im südlichen Hochland. Früher wurden sie wegen Grenzstreitigkeiten, Frauen oder den begehrten Schweinen ausgetragen, nach strengen Regeln mit Speer und Pfeil und Bogen. Unbeteiligte hatten nichts zu befürchten. Die Konflikte zogen sogar Zuschauer von anderen Clans und manchmal auch westliche Ethnologen an, die Kampftechnik und Regeln studierten. Inzwischen stehen enorme Gewinne an Erdöl und Gasvorkommen auf dem Spiel, die Kämpfe werden mit Gewehren und unter Einfluss von Alkohol und Drogen ausgefochten, und Unbeteiligte sollten die Gegend besser meiden.

An der Küste, im Tiefland und auf den Inseln ist von alldem jedoch nichts zu spüren. Hier ist jede Form von Kriminalität schlicht unbekannt. Das schwerwiegendste Delikt im Gerichtssaal von Alotau, immerhin einer mittelgroßen Hafenstadt, war im vergangenen Jahr die Herstellung von selbst gebrautem Bier. Fremden wird nichts abgenommen, sondern fast überall etwas geschenkt. Man fühlt sich geehrt durch den Besuch der Menschen vom Stamm der Weißhäutigen, jedenfalls sobald klar ist, dass sie keine Fehde anzetteln wollen. Ein freundlicher und oft sogar überschwänglicher Empfang ist Ehrensache, wenn sich die Gäste ihrerseits respektvoll verhalten. Bei unserem Besuch in Watam wurden die Bewohner sogar instruiert, möglichst nicht mit den dort üblichen Äxten und Küchenmessern im Dorf herumzulaufen, um uns nicht zu erschrecken.

Fragen Sie nie nach dem »dritten« Preis

Handelsgeschäfte am Sepik River, einem der unzugänglichsten Flüsse am Pazifik

Joseph Conrad, der brillante Chronist tropischer Gefilde, muss hier gewesen sein, und seit seiner Abreise hat sich offenbar kaum etwas verändert. Immer wieder sehen wir Kanus, die irgendwo aus dem Grün herausschlüpfen, nur um am anderen Ufer wieder im Dschungel zu verschwinden. Manchmal treffen wir auf Dörfer, in denen die Menschen wie vor Hunderten von Jahren leben. Mit Kindern, die von den Palmen aus mit unermüdlicher Begeisterung in den Fluss springen. Mit Schweinen und Ferkeln, die frei im Dorf herumlaufen. Mit ein paar Händlern oder Missionaren, die in Auslegerbooten auf schier endlosen, langsamen Reisen den Fluss hinauf- und hinuntertuckern. Mit immerwährender Hitze, Schwüle und ungeheuerlichen Moskitoschwärmen.

Wir sind unterwegs auf dem Sepik River, einem der großen Flüsse im pazifischen Raum: Auf mehr als tausendeinhundert Kilometern mäandert er in ungezählten Schleifen durch die Tiefebene von Papua Neuguinea, er ist fast so lang wie der Rhein. Zur Regenzeit überschwemmt er fast hunderttausend Quadratkilometer, eine Fläche größer als Österreich, bevor er sein braunes Wasser in einem mächtigen Schwall in den Ozean schüttet. Angeblich kann man an der Mündung noch zwanzig Kilometer von der Küste entfernt reines Süßwasser aus dem Meer entnehmen. Wir haben es nicht ausprobiert.

Der Sepik ist der einzige Strom in Asien, der keinerlei industrielle Verschmutzung aufweist, einer der letzten großen ungezähmten Flüsse der Welt. Seine Ufer sind kaum zugänglich, der Urwald wuchert in den Fluss hinein. Mangroven, Palmen und dichtes Buschwerk stehen mit den Füßen im Wasser und verschlingen sich zu einem undurchdringlichen Pflanzenvorhang, in dem sich riesige Baumstämme verfangen haben, die während der Regenzeit flussabwärts trieben.

Die Ernährung der Menschen besteht noch immer fast ausschließlich aus dem Mark der Sagopalme, das morgens, mittags und abends zu einem geschmacklosen Brei verarbeitet wird. Wir haben schon nach einer Mahlzeit genug davon. Die Häuser stehen auf Stelzen, um den ewigen Überschwemmungen zu trotzen, und in den *haus tambarans*, den traditionellen Kulthäusern, findet man die berühmten Masken und Schnitzereien, die in Papua Neuguinea seit jeher zur Abschreckung von fremden Eindringlingen und bösen Geistern dienen. Am Oberlauf des Sepik haben sie ihre Wirkung nicht verfehlt. Dort gibt es Dörfer, in die sich angeblich noch nie ein Weißer traute. Kopien dieser kleinen Kunstwerke werden in vielen Galerien Asiens inzwischen zu exorbitanten Preisen an Liebhaber verkauft.

In den Dörfern hingegen findet der Handel auf andere Weise statt. Jedes Stück hat einen »first price« und einen »second price«, der etwas niedriger liegt. Man kann den zweiten Preis erfragen, wenn er nicht der Einfachheit halber gleich mitgenannt wird. Dann muss sich der Käufer für einen entscheiden, je nachdem, wie viel ihm das Stück wert ist. Weiteres Handeln funktioniert nicht. Als wir es versuchen und europäisch oberschlau nach einem »third price« fragen, zieht sich der Händler ohne ein Wort zurück und bricht die Geschäftsbeziehung mit uns ab. Unwiderruflich.

Die Feuertänzer von Rabaul

Im Pompeji der Südsee veranstalten die Einwohner Initiationsriten auf glühendem Boden

Wir fliegen über ein Pulverfass: die langgestreckte Insel Neubritannien. Sie liegt auf dem Bismarck Volcanic Arc, unmittelbar über der Reibungsfläche zwischen zwei tektonischen Platten. Drei Dutzend Vulkane reihen sich aneinander, von denen immer der eine oder andere aktiv ist. Sieben sind in den vergangenen hundert Jahren immer wieder ausgebrochen, einige mit beunruhigender Häufigkeit. Auf unserem Flug von Port Moresby in die Hafenstadt Rabaul im Nordosten verstecken weiße Wolkengebirge zunächst den explosiven Untergrund. Aber schon während der Zwischenlandung auf dem Buschflugplatz von Hoskins kommen die Feuerspucker zum Vorschein: links ein Vulkan, rechts gleich zwei. Nicht gezählt die kleinen Lavakegel, die aus tropischem Regenwald herauswachsen und zwischen denen sich das Flugzeug in einer Art Slalom Richtung Rollbahn herabsenkt. Als wir später wieder starten, fliegen wir rasant an der Kuppe des nächsten Vulkans vorbei, und so geht es weiter: links das Meer und rechts, an der Küste aufgereiht, die wohl explosivste Bergkette der Welt.

Schließlich taucht die Bucht von Karavia auf,

mit der Stadt Rabaul an ihrem nördlichen Ufer. Der Pilot zieht eine großzügige Schleife und verschafft uns damit einen atemberaubenden Ausblick. Denn die Halbinsel, die sich wie ein Haken um die Bucht herumlegt, besteht eigentlich nur aus Vulkanen, sechs an der Zahl, die eine im Meer versunkene Caldera umgeben. Es ist eine Bucht wie keine sonst, und so beschließen wir spontan, dass schon allein das Panorama aus der Luft die weite Anreise von Europa wert ist.

Mount Mother, der höchste der sechs Vulkane, hält sich mit tektonischen Aktivitäten vornehm zurück. Auch seine Nachbarn South Daughter und North Daughter geben sich seit langer Zeit friedlich. Zwischen ihnen freilich grummeln die drei anderen mal mehr, mal weniger bedrohlich: Rabalanakaia, Vulcan und das kleine, aber unbeherrschte Monster Tavurvur, das 1994 das alte Rabaul innerhalb von wenigen Tagen unter einer dicken Ascheschicht begrub. Eine der schönsten Städte im südlichen Pazifik, durchzogen von schattigen Alleen und duftenden Frangipani-Bäumen, ist damals einfach verschwunden. Deutsche Kolonisten hatten sie 1905 wegen des geschützten Tiefseehafens in der Bucht gegründet. Doch wer klug ist, setzt keine Stadt ins Innere einer vulkanischen Caldera, auch wenn es fast neunzig Jahre gut ging.

Die Bewohner hatten 1994 ihren Wohnort noch rechtzeitig vor dem Ausbruch verlassen können. Seither ist Rabaul ein pazifisches Pompeji. Holzhäuser sind unter der Last des Ascheregens zusammengebrochen, die wenigen Betonbauten ragen als konservierte Ruinen aus grauschwarzem Boden hervor. Den neuen Flugplatz von Rabaul hat man nun vorsorglich in vierzig Kilometer Entfernung gebaut. Der alte ist mitsamt Flugzeugen untergegangen.

Und Tavurvur gibt keine Ruhe. Auch bei unserem Anflug sehen wir durchs Bordfenster eine gewaltige Fontäne aus Rauch und Asche, die aus dem Krater gen Himmel quillt. Diesmal bläst der Wind den grauen Lavaschutt aufs Meer hinaus, die neu errichteten Stadtbezirke von »Volcano Town« bleiben vorläufig verschont. Einen Monat vorher, so erzählt unser Sitznachbar, sei aber wieder einmal eine beachtliche Ascheschicht auf der Stadt und ihrer Umgebung niedergegangen. Doch wenn Tavurvur, so wie jetzt, gleichmäßig spuckt, dann sei das ein gutes, ein friedliches Zeichen. Verlassen kann man sich freilich darauf nicht. Nach der Landung, als wir die Gangway hinunterklettern und zum Terminal gehen, riecht es leicht verbrannt.

Die leidgeprüften Bewohner dieser brisant gelegenen Stadt schlafen tief durch die Nacht. Wir nicht. Denn was wissen wir von den Launen der Vulkane? Immer wieder wachen wir von eingebildetem Rumpeln aus unruhigen Träumen auf. Irgendwann, so sagen selbst die Einheimischen, wird er schließlich tatsächlich kommen, der nächste große Ausbruch.

Die Feuertänzer sind darauf vorbereitet. Nach Einbruch der Dunkelheit machen sie sich zunächst durch dumpfes Trommeln und düstere Gesänge bemerkbar. Dann zünden sie einen großen Scheiterhaufen aus Reisig und Holzscheiten an und beginnen, einer nach dem anderen, um das Feuer herumzutanzen. Masken aus Baumrinde und Tuch mit übergroßen Ohren, die uns an eine teuflische Micky Maus erinnern, machen aus den zierlichen Menschen vom Clan der Baining furchterregende Gestalten.

Im Laufe der Zeremonie rennen sie immer wieder durchs Feuer, zerstreuen mit ihren nackten Füßen die brennenden Scheite, nur um mit neuem Holz die Glut erneut anzufachen. Es ist keine folkloristische Unterhaltung für Touristen, sondern ein Initiationsritus für junge Männer und vielleicht eine sinnvolle Methode, sich mit dem glühenden Untergrund vertraut zu machen, auf dem die Baining People ihr Leben verbringen müssen.

Eisberge voraus!

Mit Captain Cook zu den ungemütlichen Seiten der Südsee – Exkurs in die Kälte

Sonne, Strände und Palmen, laue Winde und warmes Meer; die Südsee wird am liebsten mit ihren tropischen Gefilden gleichgesetzt. Geografisch und klimatologisch korrekt ist das jedoch nicht. Denn je weiter man Richtung Südpol in die Südsee vordringt, desto weniger zutraulich wird sie und desto weniger entspricht sie dem gängigen Klischee vom Inselparadies. Kein Wunder also, dass dieser höchst ungemütliche Teil des großen Pazifischen Ozeans bis zum heutigen Tag von Abenteurern nur selten und von Touristen schon gar nicht besucht wird.

Einer, der es dennoch nicht lassen konnte, war der legendäre James Cook. Zwar wird auch er meistens in einem Atemzug mit Polynesien, Hawaii und vielleicht noch Neuseeland oder Australien genannt, doch entdeckungsgeschichtlich sind seine Expeditionen ins südliche Eismeer die bemerkenswerteste Leistung seiner drei großen Reisen um die Welt. Auch und gerade weil ihm der Traum von der Südsee dabei regelmäßig zum Albtraum geriet.

Auf der Suche nach der »terra australis«, dem sagenhaften Kontinent am unteren Ende der Welt, überquerten Cook und seine Mannschaft als erste Menschen den südlichen Polarkreis und drangen bis zum einundsiebzigsten Breitengrad vor. Vor allem während seiner zweiten Reise von 1772 bis 1775 wagte sich der Seefahrer mit seinem Schiff »Resolution« in Regionen, die vor ihm niemand ersegelt hatte und die auch nach ihm bei Kapitänen und Matrosen nicht gerade beliebter wurden.

Auch wir wollten die freundlich gestimmten Breiten der Südsee nicht verlassen und sind auf den Inseln Polynesiens hängen geblieben. Folgen wir deshalb als behäbige Südsee-Gäste von der Hängematte aus James Cook und den Beschreibungen seines deutschen Reiseberichterstatters Georg Forster auf ihrer Exkursion in den südlichsten Süden der Südsee. Die Kälteschauer, die uns dabei den Rücken hinunterlaufen, sind leicht zu ertragen, wenn man auf einem tropischen Atoll unter der Palme liegt und das Buch mit den eisigen Gruselgeschichten jederzeit zuklappen kann.

Schon während der Hinfahrt vom Kap der Guten Hoffnung durch den Indischen Ozean und vorbei an Australien wagte sich Cook in antarktische Breiten, wo ihm Eisberge, Schneeschauer und stürmische See begegneten und seiner Mannschaft einen Vorgeschmack gaben auf das, was sie ein Jahr später erwarten sollte. Nachdem sie im warmen Polynesien überwintert hatten, machten sich die britischen Seeleute im südlichen Sommer des Jahres 1773 von Neuseeland aus auf den Weg nach Südosten.

Viel Übung im Manövrieren unter polaren Bedingungen besaß selbst der erfahrene Kapitän nicht, und auf Seekarten konnte er sowieso nicht zurückgreifen. Er segelte sozusagen blind ins Ungewisse. »Wir hatten«, schreibt Chronist Forster, »mit einer Menge von Gefahren und Mühseligkeiten zu kämpfen, die unseren Vorgängern in der Südsee unbekannt geblieben waren, weil sie sich meistens nur innerhalb des Wendekreises oder doch in den besten Gegenden des gemäßigten Himmelsstrichs aufgehalten haben. Dort fanden sie immer gelindes Wetter, blieben meist in Landnähe, und diese Inseln waren selten so armselig und unfruchtbar, dass sie ihnen nicht einige Erfrischungen geboten hätten. Solch eine Reise wäre für uns eine Lustreise gewesen, aber von alledem war die unsrige das gerade Gegenteil.«

In der Tat: Monatelang sahen die Matrosen kein Land. Die Temperaturen sanken stetig, und die Mannschaft sehnte sich von Tag zu Tag mehr nach der wärmenden Sonne der Tropen. Doch statt auf den erhofften Kontinent stieß die »Resolution« immer wieder auf Eisberge, die Forster als »Eisinseln« bezeichnet. Schneegestöber und Nebelfelder, in denen man oft keine zehn Schritte weit sehen konnte, sowie eine raue See machten das Navigieren zum Glücksspiel. Rigg und Segel waren mit Schnee und Eiszapfen überzogen. Immer wieder traf das Schiff auf Felder von massivem Packeis, die eine Weiterfahrt unmöglich machten und Cook zwangen, nach Norden abzudrehen. Obwohl er eigentlich weit genug nach Süden vordrang, um auf den antarktischen Kontinent zu treffen, verfehlte er regelmäßig dessen Küste. Sein Pech war, dass er bei seiner navigatorischen Blindfahrt die weit nach Norden herausragenden Halbinseln der Antarktis verpasste und stattdessen in riesige Buchten hineinsegelte. Einmal war er nur hundert Kilometer von der Küste, die er nicht kannte, entfernt, musste dann aber vor den Eismassen kapitulieren.

Die aus Polynesien und Neuseeland mitgeführten Lebensmittel gingen nach und nach zu Ende, Zwieback und Pökelfleisch waren von Maden zerfressen. Die letzten Tiere an Bord starben oder waren verzehrt, die Männer litten unter Hunger und Skorbut. Auf dem Speisezettel erschienen so ungewohnte Dinge wie das Fleisch von Seelöwen, Pinguinen und Albatrossen. Sogar der Kapitän gab zu, dass dies nicht gerade Köstlichkeiten waren. Er selbst verspeiste den letzten Hund an Bord. Hoffnungslosigkeit und Verzweiflung breiteten sich aus. Auch Georg Forster beschwerte sich über Cooks Weigerung, seine Pläne zu offenbaren oder rasch in mildere Gefilde zurückzukehren.

Unter solch widrigen Bedingungen ein guter Seemann und Navigator zu sein ist eine Sache, doch dabei gleichzeitig eine Mannschaft von Raubeinen bei der Stange zu halten, die sich nach der Wärme, den Frauen und den sonstigen Annehmlichkeiten Polynesiens zurücksehnt, ist eine ganz andere. Cook aber hatte auch diesen besonders schwierigen Aspekt seines Südsee-Abenteuers im Griff. Obwohl er selbst ständig blasser und magerer wurde und an Verstopfung und Appetitlosigkeit litt, konnte er seine ausgemergelten und deprimierten Seeleute immer wieder motivieren.

Mit dem Glück der Tüchtigen gab es für die Besatzung der »Resolution« ausgerechnet am Weihnachtstag eine Verschnaufpause. Die Offiziere feierten standesgemäß in der Messe, und die Matrosen tranken sich mit Alkohol in beste Stimmung: »Am 25. Dezember«, schreibt der Chronist, »war das Wetter hell und schön, der Wind verlor sich in einer Windstille, und mittags sahen wir um uns her mehr als neunzig Eisinseln. Da es Christtag war, bat der Kapitän dem Herkommen gemäß alle Offiziere zum Mittagessen, und einer von den Leutnants bewirtete die Unteroffiziere. Die Matrosen bekamen eine doppelte Portion Pudding und taten sich an ihrem Branntwein gütlich, den sie aus großer Vorsorge, heute recht voll zu werden, schon monatelang zusammengespart hatten. Sie versicherten, solange der Branntwein noch währte, den Christtag auch als Christen feiern zu wollen, wenn sich auch alle Elemente gegen sie verschworen hätten. Am Mittag des folgenden Tages befanden wir uns noch in der gleichen Lage, nur dass unsere Leute toll und voll waren und dass wir oben vom Mast aus hundertachtundsechzig Eisinseln sehen konnten. Es schien, als ob wir die Trümmer einer zerstörten

Welt oder, nach den Beschreibungen der Dichter, gewisse Gegenden der Hölle vor uns sähen.«

Doch James Cook hatte keine Angst vor dieser Art von Hölle, im Gegenteil. Nach kurzem Rückzug nahm die »Resolution« Ende Januar 1774 erneut Kurs Richtung Süden und erreichte schließlich den einundsiebzigsten Breitengrad. Unterwegs mit einem fragilen hölzernen Schiff, ohne Seekarten und Kontakt zur Außenwelt erweiterte dieser mutige Mann den Blick der Menschheit auf ihren heimatlichen Globus um volle zehn Breitengrade. Weiter hätte er gern noch gewollt, aber es ging nicht mehr: »Wir machten uns jetzt Hoffnung, ebenso weit gegen Süden zu kommen wie andere Seefahrer gegen den Nordpol, am Dreißigsten aber entdeckten wir ein festes Eisfeld von unabsehbarer Größe, das von Ost zu West vor uns lag. Auf der Fläche desselben lag, so weit das Auge nur reichen wollte, eine Menge hoher Eismassen aufgetürmt, und davor trieb eine Bank von Brucheis in der See. Wir waren nicht mehr ganz neunzehn Grad vom Pol entfernt, da es aber unmöglich war, weiter vorzudringen, kehrten wir um, zufrieden mit unserer gefährlichen Expedition und völlig überzeugt, dass sich kein Seemann die Mühe geben werde, weiterzugehen.«

Diese Prophezeiung war gar nicht so abwegig, auch wenn wir heute schlauer sind und die Antarktis als Kontinent weitgehend erforscht ist. Doch erst im Jahr 1821 betraten amerikanische

Robbenfänger erstmals eine der antarktischen Halbinseln, allerdings sieben Breitengrade nördlich vom südlichsten Standort der »Resolution«. Und erst ein halbes Jahrhundert nach Cooks navigatorischer Meisterleistung überquerte das nächste Schiff den südlichen Polarkreis. In der Zwischenzeit allerdings war durch Cooks Expedition die Illusion von einem Land des Überflusses auf der Südhalbkugel endgültig Makulatur geworden.

Zwar hatte der britische Seefahrer den antarktischen Kontinent nicht gefunden, aber er und sein schreibender Mitstreiter Georg Forster konnten wichtige Schlüsse über dessen mögliche Beschaffenheit und seinen Wert für die britische Admiralität und die europäischen Großmachtinteressen ziehen: »Haben wir also Land verfehlt, so muss es ein Eiland sein, das seiner Entfernung von Europa und seines rauen Klimas wegen für England von keiner Wichtigkeit sein kann. Für uns ist es genug, erwiesen zu haben, dass unter dem gemäßigten Himmelsstrich in der Südsee kein großes, festes Land anzutreffen sei, und wenn dergleichen überhaupt vorhanden sein sollte, dass es innerhalb des antarktischen Zirkels liegen müsse.«

Wir nachgeborenen Südsee-Vagabunden in unserer polynesischen Hängematte wollen es damit ebenfalls bewenden lassen. Mister Cook, Sie waren ein großartiger Kapitän, den wir bewundern und mit Ehrfurcht erwähnen. Zu den abenteuerlichen Extremen Ihrer Expedition aber wollen wir Ihnen nicht hinterherreisen. Für unsere Südseesehnsucht reichen Ihre Entdeckungen in den tropischen Inselwelten des Pazifischen Ozeans. Thank you, Sir.

Wer kennt schon Thursday Island

Selbst auf namhaften Weltkarten ist die ehemalige Perleninsel nicht verzeichnet

Suchte man die Insel auf einer der üblichen Weltkarten, man fände sie nicht. Auch ein namhafter deutscher Weltatlas führt in die Irre, denn dort ist sie fehlerhaft eingezeichnet. Verwirrung herrschte seinerzeit sogar im Britischen Hydrografischen Institut, beim Eintrag in die offizielle Seekarte Ihrer Majestät gaben ihr die Zeichner versehentlich den Namen, der eigentlich für die Nachbarinsel bestimmt war. Nun ist sie für immer falsch benannt. Fragte man heute einen Skipper in den schicken Jachtclubs des australischen Sydney nach ihr, er würde nur abwinken, nein mein Herr, das sei nichts für ihn, ein gottverlassenes Eiland irgendwo am Rande der Südsee. Käme man hingegen mit einem der alten Seebären in den Kneipen von Brisbane oder Cairns ins Gespräch, er würde schwärmen von glanzvollen Tagen, ja Kumpel, das waren noch Zeiten, als dort das Geschäft mit den Perlen auf Hochtouren lief.

Erreicht der Fremde schließlich selbst die tropischen Gewässer am zehnten südlichen Breitengrad, wird er zunächst Schwierigkeiten haben, die Insel zu sichten, denn sie ist von sieben Nachbarinseln fast völlig eingeschlossen. Nur durch zwei schmale, von den Gezeiten abhängige Passagen gelangen Schiffe in das verwirrende Inselknäuel und in den kleinen Hafen. Fragte man dann beim ersten Landgang einen Einheimischen, ob es sich hier tatsächlich um Thursday Island handle, bekäme man einen skeptischen Blick zur Antwort, nein Sir, dies sei eigentlich Waiben, von Thursday Island hätten immer nur die fremden Eroberer gesprochen.

Ob Thursday oder Waiben, wir sind tatsächlich angekommen auf dieser schwer auffindbaren Insel in der Torres-Straße, jenem Seeweg, der Australien von Papua Neuguinea trennt. Und wenn man das Thema Namensgebung vermeidet, sind auch die Einwohner freundlich. Am Hafen weist uns ein Fischer den Weg zum »city centre«, wobei er vielsagend lächelt, denn er weiß wohl, dass sich Thursday zwar Australiens nördlichste Stadt nennt, mit seinen dreieinhalbtausend Einwohnern aber kaum mehr als ein tropisches Nest ist.

Das Royal Hotel an der Hauptstraße erweist sich dann auch als eine wenig königliche Bretterbude mit einer düsteren Kaschemme im Erdgeschoss, doch es ist im Moment das einzige geöffnete Gasthaus. Die Kellnerin hinter der Theke freut sich über die unerwarteten Gäste, die bei ihr einkehren, und serviert den wahren Luxus der einsamen Tropen: ein eiskaltes Bier. Auf die Frage, ob es direkt vom Südpol stamme, lächelt sie nur. Wie die meisten anderen Bewohner der Insel ist sie Melanesierin und spricht ein rudimentäres

Englisch, das die Australier etwas gönnerhaft als »Torres Strait Broken« bezeichnen.

Später, beim Inselrundgang, treffen wir einige Schulkinder. Sie fragen die Fremden nach kurzem Zögern beherzt, wo sie herkommen, doch angesichts der Antwort lächeln die Zwölf- bis Dreizehnjährigen verlegen, weil sie mit dem Begriff »Germany« wenig anfangen können. Doch das sind an diesem Nachmittag die einzigen Menschen, denen wir unterwegs begegnen. Bewegung ist nirgendwo zu erkennen, nur der Wind rauscht in den Palmblättern. Der Ort scheint wie ausgestorben, verharrt in tropischer Trägheit.

Es gibt nur eine Hauptstraße, die Nebenstraßen enden entweder gleich am Wasser oder verlieren sich als staubige Pisten im Innern der Insel. »Timeless Islands«, zeitlose Inseln, hieß ein Buch über die Inseln in der Torres-Straße, das wir einige Tage zuvor in einem Buchladen in Cairns gesehen hatten, und vieles zeugt hier tatsächlich von einem Stillstand der Zeit, erinnert an die Atmosphäre in den Romanen von Somerset Maugham, der einmal hier gewesen sein soll.

Der sonderbarste Ort auf der sonderbaren Insel Waiben ist der japanische Friedhof. Auch er scheint nicht hierher zu gehören, liegt verlassen am Rand des Ortes. Ein mächtiges Monument mit unpassend anmutenden japanischen Schriftzeichen steht am Eingang, die meisten Gräber sind ungepflegt oder gar verfallen. Manche Grabsteine sind umgestürzt, andere überwuchert. Termiten haben auf Gräbern ihre Hügel errichtet. Büsche und Bäume wachsen wild durcheinander, die tropische Vegetation holt sich das Gelände Schritt für Schritt zurück. Mehr als siebenhundert Japaner, die bei der Jagd auf Perlmutt und Perlen ums Leben kamen, liegen hier weit entfernt von ihrer Heimat begraben.

Das Perlenfieber brach Mitte des 19. Jahrhunderts aus, Thursday Island wurde zum Stützpunkt der Fischer und zum Umschlagplatz für die kostbare Ware. Vierhundert Schiffe kreuzten zeitweise zwischen den Inseln. Eine besonders große Austernart in Verbindung mit den gewaltigen Gezeitenströmen, die beständig sauberes Wasser und neue Nährstoffe heranführen, machte die Torres-Straße zum idealen Austernrevier.

Das Hauptprodukt war Perlmutt, also die schimmernde innere Schalenschicht der Muscheln, damals ein gefragter Rohstoff zur Herstellung von Knöpfen und Schmuck. Die selten gefundene Austernperle selbst galt hingegen als zufälliger Bonus.

Es war eine wilde Jagd ohne Gesetze, bei der sich die europäischen Schiffseigner und Händler mit Vorliebe der Methode des »blackbirding« bedienten: Man entführte die Frauen der Insulaner, um die Männer zu immer gefährlicheren Tauchgängen zu zwingen. Haie, giftige Quallen und die damals wenig erforschten physiologischen Gefahren des Tieftauchens kosteten viele das Leben.

Als die Austerngründe in flachen Gewässern

überfischt waren, rief man japanische Taucher herbei, die im Tieftauchen mehr Erfahrung besaßen als die Melanesier. Sie brachten Taucherhelme aus Kupfer, Segeltuchanzüge und Bleistiefel mit und später auch die Technik des »seeding«, die bis heute in der Perlenindustrie angewandt wird: Austern werden mit einem Sandkorn oder einem anderen Teilchen künstlich »geimpft«, der Fremdkörper umhüllt sich langsam mit Perlmutt und reift zu einer Perle heran.

Mit der Einführung von Plastikknöpfen geriet die Perlmuttindustrie in die Krise, nach dem Zweiten Weltkrieg war die Perlenherrlichkeit auf den Inseln ganz vorüber. Inzwischen haben sich die Austerngründe erholt und es gibt in den klaren Gewässern rund um Thursday Island wieder eine begrenzte und streng kontrollierte Zucht, die ein auswärtiges Unternehmen betreibt. Die Einheimischen werden deshalb durch die Perlen auch diesmal nicht reich, und Thursday wird eine Insel bleiben, die selbst in Australien kaum jemand kennt. »Was wollten Sie ausgerechnet dort?«, fragt uns dann auch prompt der Hotelportier in Cairns, als wir unsere Exkursion erwähnen. Das behalten wir für uns, denken wir im Stillen und lächeln so vielsagend wie die Torres-Insulaner.

Kein Ausweg aus der Südsee?

Im Labyrinth der berüchtigten Torres-Straße zwischen Australien und Papua Neuguinea haben sich schon viele Schiffe verfahren und nie mehr herausgefunden

Der Himmel ist blau, das Meer schimmert türkis, die Strände leuchten weiß, doch die Harmonie der Farben täuscht ein tropisches Badeparadies nur vor. Wer genau hinschaut, sieht schon vom Ufer aus, wie die Meeresoberfläche an einigen Stellen schäumt, das Wasser scheint zu kochen. Es sind die äußeren Anzeichen von tödlichen Strömungen, die unmittelbar vor der Küste über versteckte Riffe rauschen. Weil hier zwei Weltmeere zusammenstoßen, der Pazifische und der Indische Ozean, und weil dies in einer nur hundertfünfzig Kilometer breiten Meerenge geschieht, entstehen in der Torres-Straße gewaltige Strömungen und ein Tidenhub von ungefähr zehn Metern.

Die schmale Durchfahrt zwischen Australien und Papua Neuguinea ist außerdem mit hundertachtunddreißig Inseln und unzähligen Atollen und Korallenriffen gespickt, die zu den nördlichen Ausläufern des Great Barrier Reef gehören. Die Strömungen rasen zwischen den Inseln hindurch, werden von Riffen wie durch Düsen verstärkt, überschwemmen bei Flut zahlreiche Atolle und geben sie bei Ebbe wieder frei. Wassergewalten zerren und drücken von allen Seiten. Sie sind unsichtbar, aber für jeden Schwimmer und auch für jedes Schiff eine große Gefahr. Das Labyrinth der Torres-Straße gehört deshalb zu den schwierigsten Schiffspassagen der Meere, Navigation wird hier für jeden Seemann zum Meisterstück.

Die Inseln sind die Fühler, die Australien in die Weite Ozeaniens und der Südsee hinausstreckt, und mittlerweile eine Art Netz der australischen Küstenwache, in dem sich manches Schiff verfängt. Drogenschmuggel, verbotener Fischfang und illegale Einwanderung sind die üblichen Machenschaften in solch unübersichtlichen Gewässern. Fischerboote in traditioneller Bauweise aus Indonesien und grob gezimmerte Schiffe vietnamesischer Boatpeople gehören noch zu den solideren Exemplaren, die in der Meerespassage anzutreffen sind. In der Torres-Straße selbst zeugen achtzig Wracks von vergeblichen Bemühungen der Kapitäne und Steuerleute, sie sind die stummen Zeugen von Schiffskatastrophen der Vergangenheit. Heute müssen alle größeren Schiffe, die offiziell die Meerenge passieren, von Lotsen begleitet werden, die ihre Station auf Thursday Island haben.

Einer von ihnen ist John Foley. Er arbeitet seit dreißig Jahren als Lotse in der Torres-Straße und kennt sämtliche Gefahrenstellen aus eigener Anschauung. Stundenlang kann er von abenteuerlichen Zwischenfällen erzählen. Aber als er beginnt, uns von den ersten europäischen Seefahrern zu berichten, die in diesen Breiten auftauchten, kommt er ins Schwärmen. Ihre Leistungen mit den damals primitiven Mitteln der Navigation könne man gar nicht hoch genug einschätzen. Noch Mitte des 20. Jahrhunderts, so erzählt der Lotse, orientierten sich die australischen Seeleute im Nordosten des Kontinents vorwiegend an den Seekarten, die James Cook während seiner Weltumseglung im 18. Jahrhundert angefertigt hatte.

Das erste europäische Schiff, das sich der Torres-Straße näherte, war 1605 die holländische »Duyfken«. Sie segelte von Westen heran, drehte jedoch angesichts der offensichtlichen Gefahren wieder um. Sechs Monate später kam von Osten her der Spanier Luis Vaez de Torres. Er wollte Neuguinea eigentlich auf einer nördlichen Route umrunden, doch die Winde trieben ihn durch die Meerenge, die später nach ihm benannt wurde. Die Spanier konnten seine Entdeckung mehr als ein Jahrhundert lang geheimhalten.

Erst 1770 tauchte James Cook mit seiner Mannschaft an Bord der »Endeavour« auf. Er segelte zunächst an der australischen Ostküste entlang und mogelte sich anschließend im Torres-Labyrinth durch eine küstennahe Passage. In jenen Tagen nahm der Weltumsegler auch den frisch entdeckten Kontinent für Großbritannien in Besitz, indem er auf Posession Island den Union Jack pflanzte. Von dieser winzigen Torres-Insel aus war dies ein ziemlich anfechtbarer Herrschaftsanspruch über ein riesiges, nur vage umrissenes Territorium, das Cook zunächst New South Wales nannte.

Der berüchtigte Captain Bligh war der Nächste, der sich um die Erforschung der Torres-Gewässer verdient machte. 1789 von den Meuterern der »Bounty« in einem offenen Boot ausgesetzt, erinnerte er sich an Cooks Aufzeichnungen und hoffte, durch die Meerenge auf schnellstem Wege Timor zu erreichen, was ihm tatsächlich gelang. Der fähige Kapitän mit dem vornehmlich durch Hollywoodfilme verbreiteten schlechten Ruf vollbrachte damit eine außergewöhnliche seemännische Leistung. Er fand mit seinem Schiffchen sogar die zentrale Durchfahrt durch die Torres-Straße, den heutigen Prince of Wales Channel. Trotz seiner prekären Lage kartierte er im Logbuch fleißig den Verlauf der Küstenlinien. Bei einer späteren Seereise kehrte er an den Schauplatz seiner navigatorischen Heldentat zurück und entdeckte dabei eine nördliche Passage, die inzwischen nach ihm benannt ist.

Obwohl die Ureinwohner ethnische Bindungen zu Neuguinea und Melanesien besitzen, gehören sämtliche Torres-Inseln seit 1879 zu Australien. Nur zwei Kilometer ist die nächstgelegene Insel von der Küste Papua Neuguineas entfernt, bei Ebbe kann man sogar zum Festland hinüberlaufen. Während lange Zeit keine Rücksicht auf die kulturellen Eigenheiten der Einwohner genommen wurde, haben sie ihre Rechte in den vergangenen zwanzig Jahren gegen die Ansprüche der australischen Regierung und der weißen Siedler erfolgreich durchgesetzt.

1992 wurde vor dem Obersten Gericht Australiens der Fall von Koiki Mabo und weiteren Bewohnern von Murray Island entschieden. Das aufsehenerregende Urteil gestand zum ersten Mal offiziell zu, dass die These von der »terra nullius« zweifelhaft sei, dass James Cook und seine europäischen Nachfolger in Australien keineswegs besitzloses Territorium vorfanden, sondern sich das Land der Ureinwohner aneigneten. Seither dient das Mabo-Urteil, erstritten durch die Bewohner einer abgelegenen Insel, in ganz Australien als wichtige Basis für den Kampf der Aborigines um Landrechte.

Auf den Inseln in der Torres-Straße hat man inzwischen zur Zusammenarbeit gefunden. Die etwa elftausend Torres Strait Islanders sind neben den Aborigines die zweite offiziell anerkannte Minderheit in Australien. Ein Vertrag zwischen Australien und Papua Neuguinea stellt den größten Teil der Gewässer unter besonderen Schutz und ermöglicht den Einwohnern, ihre traditionellen Fischfangmethoden wieder auszuüben. Auf Thursday Island, wie schon erwähnt auch Waiben genannt, dem politischen und wirtschaftlichen Zentrum der Inselgruppe, haben sie das eindrucksvolle Kulturzentrum Gab Titui eröffnet, in dem ihre Geschichte und Traditionen dokumentiert sind. Sie wollen ihre kulturelle Eigenständigkeit erhalten, weshalb Fremde für die meisten Inseln eine gesonderte Besuchserlaubnis beantragen müssen.

Dass die Inseln am Schnittpunkt von zwei Kontinenten und zwei Weltmeeren zeitweise auch für die Weltmächte eine strategische Bedeutung besaßen, sieht man an verschiedenen Befestigungsanlagen, die inzwischen als bescheidene lokale Sehenswürdigkeiten gepflegt werden. Auf Goods Island stehen noch Schutzwälle und Kanonen aus dem Ersten Weltkrieg. Die Engländer erwarteten damals deutsche Kriegsschiffe, die von Westen her angreifen würden, doch der Einzige, der sich tatsächlich zeigte, war der wagemutige Kapitän Graf Luckner auf seiner Flucht vor britischen Verfolgern. Weil er die Torres-Straße von Osten her ansteuerte, hatte er den Engpass schon durchquert, als ihn die Besatzung des Forts bemerkte.

Während des Zweiten Weltkriegs dienten die Torres-Inseln den Amerikanern als Stützpunkt für die Schlachten im Pazifik, ihr Flugplatz auf Horn Island wurde von den Japanern mehrfach bombardiert. Auch auf Thursday Island befindet sich eine mächtige Befestigungsanlage: Das Fort Green Hill sollte Australien Ende des 19. Jahrhunderts vor einer russischen Invasion bewahren, die freilich niemals versucht wurde. Bis heute erscheinen die Kanonen auf dem Hügel oberhalb des Ortes wie ein absurder Vorposten von Konflikten, die nicht in diese Weltgegend gehören.

Baden verboten

Wo die Südsee auf den südamerikanischen Kontinent prallt, hinterlässt sie maritime Dramatik und seltsames Strandgut

Chiles Küsten sind die östliche Begrenzung der Südsee. Eine gewaltige Landbarriere, an die der größte Ozean des Erdballs unaufhörlich anrennt. Lange, träge Wellen, die sich von Australien über Melanesien und Polynesien über Tausende von Meilen aufgebaut haben, bewegen sich in wiegendem Rhythmus Richtung Steilufer. Erst an den Felsen bersten sie und steigen zu meterhohen Fontänen auf. Minutenlang, stundenlang, in einem fortwährend gleichförmigen Ansturm. Die senkrecht aufragenden Klippen halten stand, die Gischt fällt weit unterhalb der Felsen immer wieder in sich zusammen.

Plötzlich aber, man erkennt es erst viel zu spät, hat sich eine gigantische Woge unter das andauernde Auf und Ab geschlichen. Sie lässt sich vom Bollwerk der Küste nicht aufhalten, sondern wälzt sich mit aller Macht darüber hinweg. Einen halben Meter hoch steht auf einmal das Wasser, nur um sich Sekunden später mit gewaltigem Sog ins Meer zurückzuziehen. Hätte jemand auf den Klippen gestanden, in vermeintlicher Sicherheit vor dem Ozean, er wäre unweigerlich ins Meer gezerrt worden. Spätestens von der nächsten Welle, ähnlich energiegeladen, die gleich im Anschluss folgt. Danach kehrt sofort wieder trügerische Ruhe ein.

Die Südsee liebt diese Art von Täuschungsmanövern. Ihrem größten Bluff verdankt der Pazifische Ozean auch seinen irreführenden Namen. Nachdem sich Ferdinand Magellan im südlichen Winter des Jahres 1520 mit seiner kleinen Flotte wochenlang durch die Stürme am äußersten Südzipfel Amerikas gekämpft hatte, fand er am 28. November als erster Europäer endlich hinaus zur Westseite des Kontinents, in die Südsee. Dort war das Meer plötzlich ruhig. Nur mäßig bliesen die Winde, keine glatte See und keine Flaute, aber im Vergleich zum Toben der Elemente bei der Umrundung des Kontinents eine willkommene Atempause für den Weltumsegler und seine arg strapazierte Mannschaft. Der Ozean präsentierte sich friedlich, und Magellan taufte ihn den Pazifischen. So schaffen subjektive Momentaufnahmen Fakten, auch wenn der Ozean immer wieder seinen aufbrausenden Charakter beweist.

Über viertausenddreihundert Kilometer Luftlinie stemmt sich die chilenische Küste zwischen dem siebzehnten und dem siebenundfünfzigsten Breitengrad gegen diesen Ozean an. Misst man die Buchten, Fjorde, Halbinseln und Inseln mit, ist sie noch viel länger. Trotz der gewaltigen Ausdehnung und der vielen grandiosen Strände hat der Tourismus an Chiles Küsten jedoch nur im Ausnahmefall Fuß gefasst. Denn sie widersprechen vehement den gängigen Klischees vom Südseezauber. Der Süden des Landes ist zu regnerisch, der Norden zu abgelegen und ausgetrocknet, und in der dicht besiedelten Zentralregion wehrt sich der Pazifik selbst gegen eine übermäßige Erschließung seiner Ufer. Das Meerwasser, genährt durch den von der Antarktis heranfließenden Humboldtstrom, ist auch während der Sommermonate eiskalt, die Wellen sind gigantisch und die Strömungen tödlich. Baden ist ungemütlich, lebensgefährlich und häufig sogar verboten.

Deshalb sind die Chilenen in dem kleinen Hafenstädtchen Algarrobo auf eine ausgefallene Idee gekommen. Wenn Meer und Brandung die Besucher mehr abschrecken als anlocken, so die Kalkulation, dann bauen wir einfach eine zahme Kopie des Pazifiks hinter das Ufer, an den bislang unbenutzten Sandstrand. So entstand das gigantische Ferienresort San Alfonso del Mar, und die Gäste in den neu errichteten Betonkästen können sich nun an einer Südsee-Schimäre erfreuen: ein mehr als einen Kilometer langes, wohltemperiertes Wasserbecken, insgesamt acht Hektar groß, nicht nur für Schwimmer geeignet, sondern auch für Segelboote. Jetzt kann man sich rühmen, den größten Swimmingpool der Welt zu haben, und erscheint damit im Guinnessbuch der Rekorde.

Meerwasser wird in den Pool hineingepumpt, gefiltert und in einem kleinen Bereich, unter einer gläsernen Pyramide, ganzjährig angewärmt. Drei Wochen dauert es, um das riesige Becken zu füllen, und es ist eine Wissenschaft für sich, das Wasser mit der richtigen Dosis Chemikalien und dem Einsatz einer speziellen Kläranlage sauber zu halten. Bleibt freilich abzuwarten, ob die wirkliche Südsee den Bademeistern nicht hin und wieder einen Strich durch die Rechnung macht und mit einer überraschend großen Welle oder einem herbstlichen Sturm ihr eigenes Wasser ungefiltert in den Pool hineinspült. Zuzutrauen wäre es ihr.

Einer, dem ein solch künstliches Meer ganz und gar nicht gefallen hätte, war der chilenische Dichter Pablo Neruda. Als kleiner Junge verbrachte er die Sommerferien an der Mündung des Río Imperial westlich von seiner Heimatstadt Temuco. »Als ich zum ersten Mal vor dem Ozean stand«, schreibt der Nobelpreisträger in seinen Memoiren, »war ich überwältigt. Dort tobte zwischen hohen Bergen die Wut des großen Meeres. Da waren nicht nur die riesigen schneeigen Wolken, die sich viele Meter über unseren Köpfen erhoben, sondern das Donnergetöse eines kolossalen Herzens, das Beben des Universums.«

Von dem Moment an, als der Ozean in sein Leben trat, hielt er Neruda für immer gefangen. Neruda wurde zum Dichter des Meeres, zum Poeten der Brandung, und niemand hat das Toben an den Ufern des südamerikanischen Kontinents so wortgewaltig beschrieben wie er: »Chiles Küsten, oft klippen- und felsenreich, gehen plötzlich in endlose Gürtel über, auf deren meerschaumgesäumtem Sand man Tage und Nächte reisen kann. Es sind Strände, die unendlich scheinen. Sie bilden um Chile eine Art Planetenring, eine vom Donner der Polarmeere bestürmte Kranzhülle: eine Bahn, welche die chilenische Küste bis über den Südpol hinaus zu umziehen scheint.«

An dieser Reibungsfläche zwischen südamerikanischem Kontinent und Südsee musste sich der Liebhaber des Ozeans zwangsläufig niederlassen, um täglich mit einer Mischung aus Entzücken, Angst und Ehrfurcht gen Westen aufs Meer hinauszublicken. In Valparaíso fand er nach langer Suche »La Sebastiana«, ein Haus hoch über dem Ozean. Eine gute Wahl, denn Valparaíso ist die Metropole mit dem allerschönsten Ausblick auf die Südsee. Das Meer liegt hier dem Betrachter in all seiner Weite, ja Unendlichkeit, zu Füßen. Und an keinem anderen Ort der Welt kann eine so unmittelbare Südsee-Sehnsucht ausbrechen. Irgendwo dort im Blickfeld Richtung Westen müssen sie alle im Wasser liegen: noch ganz nah am Kontinent die Juan-Fernández-Insel, auf der einst Robinson Crusoe gestrandet sein soll; dann, schon viertausend Kilometer entfernt und doch noch zu Chile gehörend, die Osterinsel; und dahinter die Marquesas, der Tuamotu-Archipel, die Gesellschaftsinseln und die ganze Phalanx der Eilande Polynesiens, Melanesiens und Mikronesiens.

Valparaíso ist eine Stadt, die ohne den Pazifischen Ozean nicht denkbar wäre, auch wenn sie sich vor seiner Gewalt auf die Hügel der Küste geflüchtet hat. Jeder dieser Hügel, ob Artillería oder Florida, Alegre oder Mariposa, Panteón oder Barón, bildet eine kleine Welt für sich, in der man herumwandern kann, ohne jemals irgendwo anzukommen – das Meer immer im Blick. Die Treppen werden enger, die Stufen steiler, plötzlich führt der öffentliche Weg mitten durch ein Haus hindurch. Gerade meint man, in einer Sackgasse ohne Ausweg zu stecken, da tut sich links oder rechts ein versteckter Durchgang auf. Dann wieder Treppen, bergauf und bergab. »Treppen! Keine Stadt hat sie in ihrer Geschichte so verschwendet und aufgeblättert, hat sie in ihrem Angesicht so ausgestreut und vereint wie Valparaíso. Wenn wir alle Treppen Valparaísos begangen haben, sind wir um die Welt gereist«, schreibt Neruda.

Die Häuser kleben am Berg, als hätte ein kubistischer Maler sie dort fantasievoll platziert. Eine Regelmäßigkeit zu erkennen, ist unmöglich. Die Steilheit der Hänge und die Enge der ineinander verschobenen Hügel forderten zu individuellen Lösungen heraus. Kein Haus ist wie das andere, nicht in der Farbe und nicht in der Form. Reihenhausarchitekten wären an dieser Topografie verzweifelt, wenn sie sich jemals hierher gewagt hätten. Stattdessen ist ein planloses Durcheinander entstanden, das jeden Meter Boden ausnutzt. Valparaíso ist eine der großen Ausnahmen unter den südamerikanischen Städten, nicht als Schachbrett entworfen, sondern ein urbanes Getümmel, das durch den Verlauf der Küste und den Einfallsreichtum seiner Bewohner zusammengefügt wurde. Unregelmäßig und abwechslungsreich, mit menschlicher Dimension und Seele.

Doch selbst Valparaíso war für Pablo Neruda noch zu geordnet, der Ozean vor der Stadt durch Kaimauern und Hafenbecken gezähmt. Er fand deshalb eine weitere Bleibe etwas weiter südlich, an der Steilküste von Isla Negra in einem einsamen Dörfchen. Schon 1939 hatte er dort ein Haus erworben, und von diesem Zeitpunkt an beständig erweitert und umgebaut. Alle Zimmer hat er nach Westen hin ausgerichtet, sie haben ungehinderten Ausblick auf die Wellen, die sich unten am Strand und an den Felsen brechen. Dort, in seinem »Meerversteck«, hörte Neruda nicht nur das ununterbrochene Donnern der Brandung und hatte den frischen Geruch der Gischt Tag für Tag in der Nase, sondern er konnte sich auch einbilden, das Meer ganz für sich allein zu haben: »Der Pazifische Ozean«, so schreibt er, »verschwand von der Landkarte. Keiner wusste, wo man ihn hintun sollte. Er war so groß, so aufgewühlt, so blau, dass er nirgends hinpasste. Deshalb hat man ihn vor mein Fenster gehängt.«

Die Liebe zum Ozean machte Neruda zum leidenschaftlichen Jäger von Strandgut aus der Südsee und allen sieben Meeren. Vor seinem Haus in Isla Negra liegen immer noch ein riesiger Anker und ein trockengefallenes Segelboot. Ein großes steinernes Seepferdchen ziert die Begrenzungsmauer. Neruda sammelte Tausende von Muscheln und einen Narwalzahn, Bojen, Fischernetze, Sextanten, Kompasse und Buddelschiffe, die er um sich herum aufstellte. Die größten Kostbarkeiten der Sammlung sind die hölzernen Galionsfiguren, zumeist Frauenkörper, aber auch die Büsten der Piraten Francis Drake und Henry Morgan. Letzteren entdeckte er in einer Vitrine in Paris: »Er wollte zurück zum Meer«, bemerkte der Sammler nicht ohne eigennützige Hintergedanken. Er tat ihm und sich den Gefallen und nahm ihn mit in sein Haus an der Küste. Seine bevorzugte Figur war allerdings »María Celeste«, auf die auch der damalige chilenische Staatspräsident ein Auge geworfen hatte, wie Neruda in seinen Memoiren berichtet: »Ich besitze männliche und weibliche Galionsfiguren. Die kleinste ist köstlich, Salvador Allende hat sie mir mehrfach zu entreißen versucht.«

Der populärste und wortgewaltigste Lyriker Lateinamerikas war ein närrischer Liebhaber von Gegenständen, die seinen Weg kreuzten und die er unbedingt besitzen musste. Sogar Menschen, die ihm wohlgesonnen waren, wunderten sich über diesen Wesenszug eines Mannes, der es bis zum chilenischen Senator, Konsul und Botschafter gebracht hatte. In seinen Memoiren spricht Neruda aus, was viele über ihn dachten: »Welch ein Spinner, was der alles sammelt!« Doch er selbst schämte sich seiner maßlosen Leidenschaft nicht. »In meinem Haus habe ich kleine und große Spielzeuge zusammengetragen, ohne die ich nicht leben könnte. Ich habe sie mein ganzes Leben hindurch gesammelt mit der wissenschaftlichen Absicht, mich allein mit ihnen zu unterhalten.« Sein Haus ist im Originalzustand erhalten geblieben. In den Jahren der chilenischen Diktatur haben die Militärs versucht, den kritischen Dichter aus dem Bewusstsein der Bevölkerung zu streichen, und haben die Türen zugesperrt. Inzwischen ist es wieder geöffnet, durch ein kleines Museum ergänzt und vor dem Zaun von Andenkenverkäufern belagert. Aber der Magie des Gebäudes, der Sammlung von Kuriositäten und dem Meerblick kann der Besuchertrubel nichts anhaben. Und auch die Südsee bleibt in Isla Negra so unerbittlich, so geheimnisvoll und faszinierend, wie sie Neruda Zeit seines Lebens beschrieben hat.

Pablo Neruda starb 1973. Man begrub ihn im Garten neben seiner dritten Frau Matilde Urrutia. Doch wenn man seinen poetischen Fantasien Glauben schenken darf, dann treibt er sich jetzt weiter unten am Strand herum: »Wenn ich nicht mehr lebe«, so heißt es in einem seiner Gedichte, »dann sucht hier, sucht mich hier zwischen Felsen und Ozean, im stürmischen Licht des Meerschaums.«

Das Paradies ertrinkt

Tuvalu schlägt Alarm. Ihm droht der Untergang

Von einem Premierminister namens Apisai Ielemia hatten die einflussreichen Herrschaften aus Europa, den Vereinigen Staaten, China, Brasilien und Indien bis zum Dezember 2009 wohl noch nie etwas gehört. Von Tuvalu, seinem Heimatland, vermutlich auch nicht. Und von Funafuti, Nukufetau, Nanumea oder Vaitupu – den winzigen Inseln des Archipels – erst recht nicht. Nur sechsundzwanzig Quadratkilometer groß ist das Staatsgebiet, auf dem gerade einmal zwölftausend Einwohner leben. Und dieses exotische Völkchen würde auf der internationalen Klimakonferenz in Kopenhagen doch wohl keine besondere Rolle spielen, dachte man. Auf der großen Weltkugel in der Eingangshalle des Tagungsgebäudes jedenfalls war das Land ursprünglich nicht einmal eingezeichnet. Erst nachträglich hatte jemand diese kartografische Nachlässigkeit korrigiert und das Wörtchen »Tuvalu« auf den Globus gekritzelt.

Doch war es ausgerechnet die Delegation von Tuvalu mit ihrem Regierungschef, die im Laufe der Konferenz für Schlagzeilen und einen Eklat sorgte. Lautstark argumentierte Herr Ielemia gegen die faulen Klimakompromisse, die die führenden Politiker der Industrie- und Schwellenländer hinter verschlossenen Türen ausgehandelt hatten. »Ich werde hier nichts unterschreiben, was über eine Klimaerwärmung von 1,5 Grad hinausgeht«, ließ der Südsee-Premier aus Polynesien kompromisslos wissen. Er hielt an diesem Minimalziel fest und führte damit auf der Abschlusssitzung der Konferenz einen Aufstand der kleinen Nationen gegen die großen an. So kam es, dass der Gipfel mit einem nächtlichen Krach und schließlich ohne gemeinsame Festlegungen zur internationalen Klimapolitik endete.

Tuvalu hat gar keine andere Wahl, als auf harten Maßnahmen gegen den Klimawandel zu beharren. Denn die Inselgruppe in den Weiten der Südsee nördlich von Fidschi liegt bereits jetzt im Durchschnitt rund zwei Meter unter dem Meeresspiegel; der höchste »Berg« erhebt sich lediglich fünf Meter über der Wasseroberfläche. Schon die von vielen angestrebte, aber nicht einmal von allen Nationen unterstützte Festlegung auf einen Anstieg der Durchschnittstemperatur um zwei Grad würde für Tuvalu den sicheren Untergang bedeuten.

Zahlreiche wissenschaftliche Untersuchungen über die Auswirkungen der Erderwärmung auf die Höhe des Meeresspiegels existieren inzwischen, aber egal, welche man davon zugrunde legt: Ob der Wasserstand in den Ozeanen wegen der Polschmelze zukünftig um einen, drei oder gar neun Meter ansteigen wird, für Tuvalu würde das keinen entscheidenden Unterschied bedeuten. So oder so müsste der Archipel schon innerhalb der kommenden Jahrzehnte unweigerlich ertrinken. Ein Stück Südseekultur wäre einfach von der Landkarte gespült.

Bereits jetzt kämpfen die Menschen auf den Inseln gegen die regelmäßig auftretenden Überschwemmungen an und haben sich daran gewöhnt, tagelang knietief durch ihr überflutetes Land zu waten. Wegen der zunehmenden Versalzung wird es immer schwieriger, an reines Trinkwasser zu gelangen und eine einträgliche Landwirtschaft zu betreiben. Die Klimakonkurrenz der großen Nationen, die ständige Vertagung von Entscheidungen und all die politischen Erklärungen, dass man sich doch auf einem guten Weg befinde, helfen dem Inselstaat nicht weiter. Im Gegenteil.

Was also soll aus Tuvalu werden? Wo sollen die Menschen hin? Bislang existiert kein durchdachter und finanziell abgesicherter Notfallplan. Wie sollte der auch aussehen? Kann man eine ganze Nation, und sei sie noch so klein, vom einfachen Fischer bis zum Ministerpräsidenten, in Boote setzen und auf die Flucht schicken? Vorgeschlagen wurde schon eine Umsiedlung der Bevölkerung auf die Fidschi-Inseln, wobei die Industriestaaten die Kosten übernehmen sollten. Die Resonanz sowohl in Fidschi als auch auf der Nordhalbkugel war gering. Sogar ein gemeinsamer Asylantrag in Neuseeland oder Australien für das gesamte Volk von Tuvalu war schon im Gespräch, wurde aber bereits von den betroffenen Exilländern abgelehnt.

Kollektive Auswege erscheinen deshalb mittlerweile kaum denkbar. »Uns bleibt nur, dass jeder eine Lösung für sich sucht«, sagt der Premierminister. Bis dahin freilich wird er für die Zukunft seiner Heimat weiterkämpfen: »Wir wollen nicht von dieser Erde verschwinden, könnt ihr das nicht verstehen?«

Dass ausgerechnet ein Volk, das am allerwenigsten für die Erderwärmung verantwortlich ist, aufgrund des Klimawandels als eines der Ersten seine Heimat verliert, erscheint tragisch, sagt aber auch einiges über eine Welt aus, in der sich niemand mehr dem globalisierten Wirtschaften entziehen kann, nicht einmal eine abgelegene Inselgruppe im Pazifischen Ozean. Lokale Paradiese, wenn sie denn überhaupt je existiert haben, werden vom klimatischen Sündenfall in den Abgrund gerissen, bevor die Verursacher selbst nachhaltig betroffen sind.

Einer der frühen Südseereisenden ahnte bereits die Gefahr, die im Kontakt der einheimischen Kulturen mit den Europäern lag. Georg Forster, der junge deutsche Forscher und Schriftsteller, der James Cook von 1772 bis 1775 auf seiner zweiten Südseereise begleitete, war nicht von der üblichen Südsee-Romantik infiziert und nahm auch die Probleme der einheimischen Gesellschaften wahr. Seine Schilderungen stammen aus einer Zeit, in der sich der europäische Einfluss in Polynesien und Melanesien noch nicht ausgebreitet hatte. So ist seine Schrift »Reise um die Welt« nicht nur eines der ersten Stücke von Reiseliteratur über die Südsee überhaupt, sondern auch eine kritische Analyse des Verhältnisses zwischen Europäern und Insulanern.

Forster schaute weder mit abendländischer Überheblichkeit noch mit der Idealisierung des »edlen Wilden« auf die Menschen der Südsee. Stattdessen beschrieb er die zerstörerischen Einwirkungen der westlichen Kultur auf das Leben der Insulaner und zog schon damals die Zwecke der britischen, französischen und spanischen Forschungsreisen in Zweifel: »Wahrlich, wenn die Wissenschaft und Gelehrsamkeit auf Kosten der Glückseligkeit ganzer Nationen erkauft werden muss, so würde es für die Entdecker und Entdeckten besser sein, wenn die Südsee den unruhigen Europäern ewig unbekannt geblieben wäre.« Von der Art und dem Ausmaß der Katastrophe, die sich im 21. Jahrhundert vermutlich einstellen wird, hatte Georg Forster freilich keine Vorstellung.

Denn selbst die Nicht-Entdeckung und eine dreihundert Jahre länger währende Isolation hätte den Insulanern wenig genützt. Die Auswirkungen der »europäischen Unruhe« hätten sie dann eben in Form einer für sie unerklärlichen Klimakatastrophe erreicht. Jetzt immerhin wissen sie ganz genau, warum ihre kleinen Nationen vom

Globus zu verschwinden drohen, und können sich, so gut es geht, darauf vorbereiten.

Ein wirklicher Trost ist das freilich nicht.

Zuletzt

Ein Teil der vorliegenden Texte ist in anderer Form bereits auf den Reiseseiten von *FAZ* und *Welt am Sonntag* erschienen. Die Texte sind für dieses Buch überarbeitet, ergänzt und aktualisiert worden.